XXXV PREMIO ANA MARÍA MATUTE

XXXV Premio Ana María Matute de Narrativa de Mujeres
Primera edición: mayo 2024
Reservados todos los derechos
Ediciones Torremozas

© Ediciones Torremozas, del relato premiado
© Las autoras correspondientes, de los relatos finalistas
ISBN: 978-84-7839-929-1
Depósito Legal: M-11175-2024

EDICIONES TORREMOZAS

ediciones@torremozas.com
www.torremozas.com

XXXV PREMIO
ANA MARÍA MATUTE
DE
NARRATIVA DE MUJERES

COLECCIÓN ETC

Torremozas

En Madrid, el 31 de marzo de 2024, un Jurado compuesto por Dña. Marian Izaguirre, D. Manuel Broullón y Dña. Marta Porpetta concedió el XXXV Premio «Ana María Matute» de Narrativa de Mujeres al relato «Recuerdo de una fosa» de Marina Núñez Monterroso.

Quedaron finalistas los relatos: «A otro sitio» de Aida González Rossi; «Los reflejos moribundos del agua» de Alicia Mares; «Un cuento celeste» de Marisa Martínez Pérsico; «El canto del cisne» de Blanca Mejía Jara; «La piscina» de Ana Muñoz Padrós; «Una pequeña maleta» de Marta Renza y «La pularda» de Ana Rodríguez León.

Recuerdo de una fosa

Marina Núñez Monterroso

XXXV Premio Ana María Matute
de Narrativa, 2024

MARINA NÚÑEZ MONTERROSO nació en Barcelona en 1990. Es diplomada en Magisterio de Educación Especial y con Máster en Lingüística Española. Trabaja como profesora de educación especial y hace también trabajos de corrección editorial.

Fue finalista del Premio Ana María Matute de relato en 2021 y ha sido ganadora del Concurso Juventud de Relato Corto del Ayuntamiento de Castellón.

Tiene publicado el libro de relatos *El sentido equivocado* (Libros de la caverna, 2021) y los cuentos infantiles *Nora cambia el cuento* (La Locomotora editorial, 2019), *Atrapamiradas* (Kalandraka, 2020), *Miles de universos* (Planeta y Hospital SJD, 2020) y *Nuestro rincón* (Triqueta Editora, 2022).

Guardo el vívido recuerdo de mí, en una fosa. Aunque a veces no sé si soy la que está ahí adentro, ahí abajo mirando hacia el cielo, o si soy aquella a quien veo desde abajo, la que está en el suelo de quien camina aún, unos metros más arriba. Aquella mira al hoyo sin detenerse en mí, como si no se percatara de mis ojos clavados en ella, como si yo no fuera más que la conciencia que hace posible observarla. A ratos lleva la mirada al frente o hacia atrás, hacia algún otro lugar que yo no alcanzo a ver. A veces creo que soy aquella, el elemento central de la escena, pero el punto de vista me dice que soy esta otra, la de la fosa. Si esto fuese una película, la cámara estaría sin duda en la fosa apuntando hacia arriba. Pero no siempre es así. Conservo el recuerdo de alguna toma también desde arriba. Por eso creo a veces que soy ella, la del borde del agujero en la tierra con ropa grisácea y negra y con un cinturón abultado y firme como para portar armas, esa que parece la protagonista. Por eso creo que soy yo, aunque unas veces creo que me parezco y otras veces no. No logro verle el rostro del todo, con tanta ropa y pañuelos alrededor. Tal vez es un sueño. Esto de ser una y luego ser otra ocurre a menudo en los sueños. Pero no, tiene que ser un recuerdo, estoy segura. Tal vez no sea mío, pero es un recuerdo.

No sé si nos mira como si nos conociera. No sé si nos mira con culpa o solo con pesar. A los de abajo, los de la fosa. No sé si conocía a esta que está abajo, por cómo me mira cuando me mira. Quiere mantener un semblante duro y calmo, pero se nota que tras sus facciones se esconde el horror, un horror que quiere salir de alguna forma, aunque tal vez no todavía, no ahí, no de cualquier manera, no delante de nosotros los cuerpos, ni de los otros los vivos que andan por ese paraje estéril y sofocante. Todo es tierra, tierra mojada, solo a lo lejos se divisan algunos arbustos. Lo sé por las tomas aéreas. De vez en cuando se levanta algo de viento que hace ondear las telas que llevan sueltas o la ropa lo bastante ancha como para que el viento la sacuda. El cielo no puede estar más oscuro siendo de día, pero aun así no cae ni una gota. Ni un trueno ni un relámpago. El recuerdo no tiene sonido y prácticamente parece en blanco y negro de lo mustio que está todo, pero yo sé que no hay truenos ni relámpagos. Solo el gris oscuro del cielo, que clarea más allá, pero sigue siendo gris hacia todos los horizontes. El marrón granatoso de la tierra y los verdes, grises y negros de sus prendas, todo pasado por un filtro apagado y marchito. Quizás aquí, donde estoy yo, hay más color, pero no lo veo. Ella mira hacia abajo y está triste. Si hay color aquí abajo, no consigue levantarle el ánimo. Tal vez sí que lo hay y es eso precisamente lo que la entristece. El día está gris y ella está apagada y atormentada, pero ni una gota cae, ni del cielo ni de su rostro. Huele a humedad aunque no llueva.

No hay sonido, pero sí noto el frío. Hace un frío húmedo. Tal vez ha llovido mucho ya. Por eso la tierra mojada y el frío que cala. Últimamente el recuerdo es bastante recurrente. Sé que no puede ser un recuerdo mío, pero lo parece. Aunque técnicamente, lo es, no puede ser otra cosa, pero puede ser el recuerdo de un sueño que tuve. El recuerdo de algo que me contaron y yo visualicé, y se quedó grabado como recuerdo, conmigo allí como protagonista. Arriba o abajo, pero protagonista, porque es mío, ¿no es cierto? No sé cómo llegó a mí, pero ahora me pertenece. Tampoco se me ocurre quién podría haberme contado algo así. El recuerdo de algo soñado o imaginado que vuelve a ti y se reproduce ante tus ojos años más tarde sigue siendo recuerdo, ¿verdad? La mujer de arriba se aleja un poco de la fosa y se sienta en una gran rueda neumática no muy lejos de allí. La veo, porque ahora la observo desde arriba, más arriba del suelo donde caminan los vivos, a vista de dron o de libélula. Tiene el pelo corto y castaño, lo más colorido que lleva junto con el rosáceo de sus mejillas. ¿En qué idioma habla? ¿Hay idioma en el recuerdo? ¿Oigo acaso lo que dice? Parece agotada. Inicia el gesto de mirar alrededor, avistar a alguien, buscar cuerpos, otros ojos que la apunten, pero se vuelve hacia adelante en una mirada que desenfoca como un androide que aprieta el botón de desconexión a su antojo. El botón de mirada perdida. No es que le pesen los ojos y la cabeza, no tiende a írsele hacia abajo. La cabeza nunca cae, parece que no se atreve ni a probarlo, ni a bajarla por un momento, por si no vuelve a levantarse. Su postura está erguida, digna, y su mirada se pierde en la lejanía y no en el suelo. Finge no tener miedo, pero parece que evita ver, que desearía ser un caballo con anteojeras a ambos lados. Para no ver solo tendría que cerrar los ojos, pero prefiere no hacerlo. No quiere ver suelo ni oscuridad total.

No hay animales. Tampoco pájaros. ¿Gusanos, tal vez? Me pregunto: si es un recuerdo, ¿puede aparecer algo nuevo o suceder algo que no haya sucedido antes? ¿Algo que no haya recordado ya con anterioridad? Así, tal vez, podría llegar a entender algo más. De momento, todo esto me suena, lo he recordado ya. No sé de qué me sirve, si solo tengo una o dos perspectivas y escenas que se repiten más o menos de la misma forma, si solo se la enfoca a ella y no sé qué piensa ni qué siente, si no veo la fosa, donde estoy yo, o donde se encuentra esa consciencia desde donde observo a veces. Si no sé qué es lo importante y solo siento el frío húmedo y el cielo gris que no deja caer ni una sola gota porque parece que ya han caído todas.

Podría tratarse del recuerdo de otra persona. Me parece disparatado y lo más plausible a la vez. Es el recuerdo de alguien y no lo reconozco como mío, aunque lo rememoro igual que aquellos que sí me pertenecen. Tal vez alguien ha querido guardar su recuerdo en un lugar protegido, en un lugar en el que se asegure de que perdurará. En un lugar donde no se bloquee, ni llegue a apagarse, ni deje de reproducirse en bucle. Un mejor lugar donde conservarlo que su propia mente. No sé por qué razones podría alguien querer esconder un recuerdo en cabeza ajena, pero puedo imaginarlo: por ser demasiado doloroso, por no fiarse de su propia memoria, por una muerte inminente, por estar a punto de ser torturada para contar lo que ahí se esconde, aunque esto no la salvaría entonces de esa tortura. En este último supuesto, tendría que desear tanto proteger el recuerdo que sería capaz de entregarse ella misma arrebatándose la posibilidad de un arrepentimiento de última hora que la salvara del horror.

Pero no parece este un recuerdo que pudiera ser tan relevante para nadie. No hay nombres, ni apenas caras. No hay concretos, solo universales. Este frío y este olor, esta falta de color me suena, existe ahí fuera aunque yo no lo reconozca ni sepa encajarlo en mi propia vida. Este es el recuerdo de muchos. Tiene un eco que arrastra de eras. Entonces, ¿por qué guardarlo dentro de mí?

Si es este el caso —no sé cómo saberlo, solo recuerdo y recuerdo, sin ninguna guía— debería estirar del hilo para ver si logro desarrollarlo y así darle vida. ¿Estaría entonces siéndole infiel al recuerdo verdadero? Si me paro a pensarlo, no encuentro una gran diferencia entre recordar e inventar, ambas se confunden tan a menudo. Pero quizás es distinto si en esta ocasión el recuerdo no es mío. Si alguien confió en mí para depositar estas escenas, no me gustaría interponerme, desfigurarlas y corromperlas. Pero es que no sé qué hacer con ellas. No conozco su intención ni qué me aporta a mí o a nadie este recuerdo a medias. Empieza a costarme no hacerlo. Me cuesta no acercarme al recuerdo con una mente abierta y con ganas de fantasear y que me diga más. Si doy rienda suelta a mi imaginación, sería difícil que coincidiera con el recuerdo verdadero de esa mujer, que soy yo pero no soy yo, o de ese alguien en la fosa que no sé quién es ni cómo es porque no me veo ni a mí ni a nadie aquí abajo y no hay charcos en los que reflejarme porque parece que haya llovido pero no hay ni rastro de agua, solo tierra mojada.

Si lo dejo así no es mucho, poco más que un par de escenas de unos segundos, minutos si quiero alargarlo. El viento, la mirada hacia el hoyo, hacia el frente, hacia la nada. Sentarse, levantarse, silencio, no hay pájaros, ni gusanos, hay mucho peso hacia abajo y tristeza, pero la cabeza no cae, la cabeza, como la mirada, se dirige hacia el frente, firme y desenfocada. Hay incomprensión. Supongo que por eso tampoco entiendo nada yo, porque ni el recuerdo entiende. Tal vez por eso me lo inocularon, para ver si yo veo algo que no se veía, algo más. Quizás haya incomprensión, pero esperanza de comprensión y de que alguien le añada algo y que se convierta en algo nuevo.

Cada vez me parece menos disparatada y más obvia la teoría de estar protegiendo el recuerdo de alguien. Cada vez mayor el deseo de descubrir qué hay detrás, y no se me ocurre otra forma que con la invención, confiando en que me traiga verdad. El recuerdo está inserto en el mismísimo lugar donde todo se inventa. Quiero confiar en que una inspiración endemoniada —tal vez esa mujer en la distancia, sumida en sueños o desde la misma muerte— me posea y me traiga la historia correcta. Quiero ver más y ya no atiendo a razones que me puedan detener, pues no hay nada más absurdo que la premisa inicial de ser un baúl de recuerdos ajenos. De un recuerdo, al menos. De esa mujer allá arriba, o de esa otra conciencia allá abajo, y la humedad y el silencio y los colores que bordean el blanco y el negro, pero que sería injusto decir que son solo blanco y negro.

Lo atrapo cuando vuelve a mí y lo dejo crecer. Espero a que transcurran las escenas de siempre, primero, y dejo luego que pase algo más. La mujer se sienta en el neumático con los dedos entrecruzados y sus codos sobre las rodillas, pero luego se incorpora y habla con alguien. Sigo sin entender, sigo sin escuchar, estoy allí, pero no me sirve de nada. No me parece ahora tan dura su expresión. Parece una mujer que ha perdido toda esperanza, pero mantiene la compostura. Tal vez hay algo a lo que se aferra, pero los intercambios con aquellos con quienes habla parecen alejarla más de eso que podría consolarla. Se vuelve, tras intercambiar unas palabras, más desesperada, pero todavía con una desesperación bien disimulada. Apenas hace un gesto brusco, apenas deja caerse, no hay ninguna curvatura en su cuerpo. Está triste, pero se niega a aceptar toda su tristeza y todo lo que esta significa. Creo que sabe que llegará. En cada interacción recibe sacudidas de cabeza hacia los lados y sacudidas de hombros arriba y abajo. Pocas miradas. Nadie va a ayudarla, aunque no parece que busque ayuda. Nadie va a consolarla, aunque ahora veo que no busca consuelo. Nadie va a decirle lo que quiere escuchar, porque nadie va a mentirle.

El recuerdo se va desplegando sin que yo haga nada. Sin ninguna fuerza activa. Ocurre, sin más. Como si de un verdadero recuerdo se tratara, yo solo lo observo y dejo que se expanda. La mujer, que ahora fuma, empieza a caminar en círculos sobre la tierra húmeda que bordea la fosa. Vuelve a mirar adentro y esta vez sí puede captarse una expresión de amargura. Su entrecejo la delata. Aun así, sigue pareciendo fuerte. No se mueve de forma del todo natural. Se aleja, pero ahora camina hacia atrás. El recuerdo no quiere ir hacia adelante, claro, quiere ir hacia atrás. Como un recuerdo dentro del recuerdo. Tengo miedo de adónde pueda llevarme. Tal vez a un lugar al que yo tampoco quiero ir. Tal vez es el recuerdo mismo el que no es soportable y por eso alguien quiso librarse de él. ¿Qué hago yo con esto, ahora? Pero lo observo, es lo mínimo que puedo hacer. Nada malo puede ocurrirme. Yo estoy bien, estoy segura, solo quiere decirme algo. Mostrarme algo sin palabras. Nos alejamos del frío y empieza el calor.

Observo y callo, porque es cierto, no hacen falta palabras. Aunque aquí sí que hay sonidos, sonidos atronadores, sonidos secos, y ecos que los siguen como las colas que son. También hay sonidos que son voces, que salen desgarrando gargantas a su paso. Voces sin palabras, o no las entiendo, pero no es necesario. ¿Hay idiomas aquí? Aquí sí que hay colores vivos, tan vivos como la sangre que atestigua tanto la vida como la muerte. Ahora hay caras y nombres, aunque son tantos que se entremezclan y nadie los oye. Hay nombres hasta que deja de haberlos. Y lluvia, incluso truenos. Aquí todo está pasando. Lo de después es lo que queda, la tierra mojada y las voces ya apagadas. Mirar atrás es insoportable, pero inevitable. Aquí es el antes y todo ocurre y nada se puede detener. Aquí ya está ocurriendo, y no lo puedo detener. Es demasiado tarde. Ni siquiera yo misma, que tal vez soy ella, la mujer, la protagonista, puedo detenerme aunque quiera, y las balas salen de mí hacia lugares que no conozco. El horror continúa y se hace eterno. Nadie entiende nada, pero ya es demasiado tarde. Aquí está pasando todo, también la lluvia y las mentiras, que se agotan.

Entiendo por qué no podía dejar de mirar abajo. Entiendo también por qué desenfocaba la mirada para no ver, no estar, no sentir antes de empezar a sentir de nuevo. Entiendo el tremendo peso de la irreversibilidad. Ella, la protagonista del recuerdo inicial, la de arriba, se encontraba entre un horror y otro todavía peor, el del momento que se acercaba, el de asumir lo que ya no se puede deshacer, el de asimilar todo lo que ya ha desaparecido para siempre. Mirando hacia abajo recuerda esa ropa porque ella la ensangrentó. Lo que no recuerda es el porqué. Lo que no entiende es para qué. Lo que no recuerda es de qué lado estaba, y lo peor es que ahora, mirando hacia abajo, no le importa ya. Ojalá le importase de qué lado estaba, pero mira y mira, y no le importa. Tiene que enfrentarse a la terrible revelación de que el dolor es exactamente el mismo. Están tan muertos como su hermana desde unos meses atrás. Ahora estarán en el mismo lugar. Arriba, sin duda. Todos arriba. Y ella aquí, en medio, entre la fosa y el cielo, en este limbo que se le hace insoportable. Mira hacia la fosa y sabe que tendría que creer muchas cosas que no son verdad para soportar este momento.

No quiero este recuerdo solo para mí. No lo soportaría. No puede quedarse solo conmigo. Tal vez yo también puedo implantar esta imagen en alguien. Con la imagen inicial, ¿bastará? De todas maneras, no es posible transmitir este horror. Tampoco las imágenes valen, cuando estas nos saturan y ya no nos dicen nada. Nadie puede prohibirte que cierres los ojos para no ver. Por eso, si alguien se atreve, que lo despliegue él mismo y se sumerja en ellas. Quien quiera entender, entenderá, pero que no se pierda. Yo dejo aquí estas sencillas escenas, que son el recuerdo de alguien, por si alguien es capaz de abrir y preservar este terrible recuerdo universal.

Escúchame bien. Estás pisando una tierra húmeda, mojada. El cielo está gris. Tus botas negras están en el borde de una fosa, hacia la que diriges la mirada, para levantarla luego y llevarla hacia el horizonte, impasible. El cielo está gris, pero no llueve, porque ya ha llovido.

A otro sitio

Aida González Rossi

AIDA GONZÁLEZ ROSSI nació en Santa Cruz de Tenerife en 1995. Estudió Periodismo y el Máster en Estudios de Género y Políticas de Igualdad en la Universidad de La Laguna. Ha publicado poemas en revistas, webs y fanzines como *Oculta Lit*, *Dragaria*, *Digo. palabra.txt*, *La Tribu* o *Marcapiel*. Mantiene una columna en *El Día* y en *La Provincia*.

Fue ganadora del XX Premio Internacional de Relato Breve de la Universidad de La Laguna, en 2017.

Tiene publicados los poemarios *Deseo y la tierra* (Cartonera Island, 2018) y *Pueblo yo* (Liberoamérica, 2020) y la novela *Leche condensada* (Caballo de Troya, 2023).

Resulta que siempre te quieres ir a vivir a otro sitio, muy lejos. Cuando estás botada en el parque con tu mejor amiga y entiendes que eres, probablemente, la persona que más feliz se siente en el planeta entero. Las dos jartándose a Munchitos y metiéndose puñados en la boca y sus carcajadas casi ni entendiéndose, y solo ustedes sabiendo que la risa es un taladro. Te agujerea para siempre: piercings en el pensamiento porque algún día serás mayor y te acordarás de este momento (el caucho del suelo tan frío, el cielo más gris que los pelos del gato al que acariciaron antes) y ciscos de papas por todos los brazos y a lo mejor en una reunión con un jefe o en una guagua yéndote a tomar por culo del lugar en el que sea que vivas y tendrás que sentarte en el suelo aplaudiendo y asfixiada y pedir paren un momento la vida adulta porque me acabo de acordar de la etapa más increíble de mi vida y de los jajajaja de la persona a la que más yo amé. Pero me fui. Me quise ir del pueblo. Mientras pasaba todo eso. La risa y la alegría ya absorbidas: solo tú siendo consciente, cada vez que estás botada y los Munchitos y etc., de que tener ganas de irte a vivir a otro sitio significa, simplemente, que.

Tener ganas de dejar tu pueblo tan húmedo. Sus gotas resbalando por las maderas del parque aunque no esté lloviendo, las matas llenas como de rocío siendo casi de noche, los viejos por fuera de los bares con unos chaquetones que les hacen parecer el doble de grandes. Los pelos de tu amiga extendidos por el caucho sin que nadie, porque solo tú la ves, le advierta eh, oye, que a lo mejor hay bichos por aquí paseando o algo. Tú amas los bichos de este pueblo. Amas la cucaracha blanca que vieron posada en la cancela de por fuera del instituto y les pareció mutante. Siempre, justo antes de la hora de irse, se lo recuerdas a tu amiga. Y ella siempre te responde estoy segura de que era una especie única en el mundo y presente solo en este pueblo, igual que nosotras, tía. Y siempre le contestas sí, tienes razón, colega. Y siempre piensas quiero irme. A vivir a otro lugar, muy lejos.

Ya en tu casa, resulta siempre que tu madre te hizo un bizcochón y una pizza. Por la cara. Y te lo cenas casi llorando de alegría, y entonces sí empieza a llover una barbaridad de lluvia, y deseas marcharte con todo tu cuerpo jarto y qué bien, y cuánto te quiero, mami, mami. Ella sin tiempo para mirarte porque tiene que acabar de fregar una montaña gigante de loza. Querer irte significa que eres feliz. Más feliz que nadie, piensas siempre.

Resulta que estás en el salón del piso en el que vives durante la época de la universidad, años más tarde. Tu mejor amiga jartándose a fumar cigarro tras cigarro y tú, botada en el sillón, mirando el humo. Hoy intentaron hacerse bocadillos de pisto porque es lo único que saben cocinar, y el pan se les quedó todo blandurrio y al final tuvieron que abrirlos y dejar caer las masas de colores sobre los platos y mandarse la mezcla de verduras y miga felices porque al menos lo hicieron ustedes mismas. Su casa llena de pósters, como querían cuando eran adolescentes. Las caras de los de Tokio Hotel por todos lados. Ojos con la raya pintada en todo momento mirándolas, a ver qué hacen, a ver si fueron a clase, a ver qué ropa más fuera de lugar se pusieron y si salen apestando a tabaco para las casas de sus madres a visitarlas y que les hagan tortillas de papas y nunca les pregunten, por suerte, qué están haciendo en la facultad: vivir solas implica no ir a clase. Beber los miércoles. Cagar con música puesta y echando antes una bola de papel al váter para que no se oiga el rebote de la mierda, aunque, años antes, hayan cagado siempre las dos una después de la otra juntas en los baños asquerosos del merendero del pueblo.

Cómodas pero incómodas, habiendo cumplido el sueño (tía, nos vamos a La Laguna y vivimos las dos en un piso y hacemos pijamadas todas las noches y salimos de fiesta los jueves y te duermes en mi cama conmigo cuando te dé la gana y nos jartamos a invitar chicos y chicas y nos los tiramos en el salón sin que a la otra le dé vergüenza ni le moleste porque somos mejores amigas y ahora viene nuestra época dorada) pero sin haber cumplido el sueño en absoluto (sensación de estar sobadas siempre, cinco cafés en una sola mañana, el pibe al que conocieron de fiesta y que las obligó a chuparle la polla por turnos o no se iba y se quedaba para siempre sin pagarles alquiler y jodiendo, los silencios casi ni entendiéndose, las montañas de loza que ninguna se ofrece a fregar). Lejos pero volviendo a casa obligatoriamente cada fin de semana.

Estás en el salón, tazas por todas partes acumuladas, infusión relax del Mercadona, café negro como un tizo, el corazón acelerado y a la vez tan lento. Piensas en la sensación de regresar al pueblo: cruzar la isla en guagua. Apoyar la frente en el cristal, dejar el cristal lleno de grasa de los espinos que te están saliendo ahora y de adolescente no porque qué suerte tenías y qué felicidad y cómo terminó cuando te montaste en el coche de tu madre con una maleta y cinco mochilas y cinco bolsas de tela y abriste por primera vez tú con la llave la puerta de este piso. Piensas en los trayectos.

Siempre sintiendo que ya te fuiste, sí, e igual no tan lejos como querías, sí, pero te marchaste porque querer marcharte era ser feliz y ahora los matracazos de la migraña todos los días pegados y sentarte en la cocina de la casa de tu madre (de tu casa, de tu casa, aunque no te lo creas ya) y bizcochón y pizza y ponerte a llorar y no saber explicarle.

Ella te manda tuppers, tu mejor amiga y tú se los comen todos el domingo por la noche, todo para dentro sin descanso porque es la única forma de tener el hogar entre estas humedades que sí son de estar lloviendo. Sí son. Las rodillas todas solladas porque siempre se resbalan en la calle de abajo al subir de la parada del tranvía cuando vuelven de pasar el finde en el pueblo. Después cenan (después se eructan una y otra vez sin parar y ni se ríen), después se pelean por alguna pollabobada y acaban encerrándose en sus cuartos la semana entera. Solo saliendo para organizar irse de fiesta. Tregua. Y jartarse a fumar. Tregua.

Quieres volver a vivir en el pueblo, y querer volver a vivir en el pueblo significa ser infeliz. Más infeliz que nadie, piensas siempre. Ya no tienes, lo sabes porque la ves hablando por teléfono con otra gente y bajando la voz y poniéndose la mano enfrente de la boca para que no le puedas leer los labios, mejor amiga. Te levantas y friegas la loza.

Así no tienes tiempo para mirar nada, para pensar nada, para escoger nada.

Resulta que, años más tarde. Estás botada contra el muro de por fuera del trabajo, fumándote un cigarro que quieres que sea el último cigarro de toda tu puta vida aunque ya sabes que no lo vas a conseguir. Qué vas a conseguir tú, muchacha. Si no tienes tiempo ni de poner la lavadora. Aspiras el fisco de olor a sobaco que te llega desde tu propia camisa, la misma tres días seguidos porque en el trabajo este te obligan a usar uniforme y tú cuando estabas en la universidad llevabas faldas que te llegaban hasta los tobillos y te cosquilleaban toda, y caminabas de noche al volver de los bares descalza por el césped del tranvía. Y te picabas las patas, pero te daba igual. Porque te protegía lo tú que te hacía sentir aquella ropa. Elegida con cuidado sentada en la cama, el armario delante al alcance del brazo, tu ex mejor amiga encaramada encima de ti y pintándote la raya del ojo como la de los de Tokio Hotel y entonces, durante esos ratos, mejor amiga de nuevo por siempre, mejor amiga desde siempre e indudablemente para siempre, nada separándolas ni haciéndolas mirarse mal en cuanto la otra desviaba la vista para fijarse en algún desconchón de la pared o en algún agujero en los pósters que, poco a poco, se fueron descolgando sin que nadie los apretara con el pulgar para que la cinta adhesiva se reactivara. A punto, durante esos ratos, las dos de cogerse juntas un lote mayor que el de los jueves de todas las semanas anteriores y. No te sentías feliz, pero es que ahora.

Ahora todo el día piqui piqui y el pueblo tan húmedo que se te mete por la nariz y te tiene con una alergia perpetua. Achís. Jesús, dice tu ex mejor amiga mientras sale ella también del local a echarse el cigarro. Es que siempre tienen que coincidir, colega.

Creciendo, viviendo lejos, trabajando en este sitio al que vienen todos los días a las siete de la mañana y del que nunca se van a una hora normal. La presión en la cabeza. Después llegas a tu casa y tu madre está durmiendo en el sillón, y te da una rabia que no puedes con ella y la zarandeas para despertarla y le preguntas ya no me vas a hacer más nunca bizcochones y pizzas y ella te responde ya eres grande ya y tienes tu trabajo y dejaste el pueblo y volviste y tanto que me llorabas por el teléfono cuando estabas en La Laguna diciéndome que querías vivir en casa para siempre. Apechuga. Que querías que ese momento jediondo se acabara. Apechuga. Que querías tener tu dinero propio y que eras infeliz de mierda. Apechuga.

Observas cómo un hilo de hormigas te pasa por delante de los tenis. Lo pisas. Tu ex mejor amiga hace como que no se da cuenta, igual que tú con las ojeras que ya tiene, con las líneas de expresión que ya tiene porque todo ha cambiado pero no la forma de encenderse los cigarros, coño, ya me quemé, dice. Y te dan ganas de recordarle la cucaracha. De pedirle que te explique por qué no la mataron para el carajo en cuanto la vieron. De soltarle que todas tus risas fueron medio falsas porque querías irte del pueblo mientras te reías y eso estaba de fondo siempre y era porque anticipabas que ibas a odiar este lugar así.

El frío en los huesos, quita, siempre dentro del local o en la calle, quita, y estando en casa teniendo que estirar las dos horas de antes de irte a dormir para dejarlo todo preparado para el día siguiente y para limpiar, quita, y el pestazo a basura. Y aun así, desear en todo momento estar en casa. Siempre metida debajo del edredón. Siempre con la luz de la tele haciéndote sombras en la cara. En las arrugas que te empiezan a salir a ti también, en los espinos que todavía no se te han quitado completos. Quieres con todas tus fuerzas estar siempre dentro de tu casa, y eso que en tu casa solo limpias y roncas, solo acaricias la ropa que te ponías en La Laguna y te preguntas qué te respondería tu ex mejor amiga si le soltaras yo necesito reconciliarme contigo porque tú eras lo que me hacía desear irme y desde que nos distanciamos solo me apetece estar más y más dentro: primero, en el pueblo de nuevo. Ahora, en casa sin puertas ni ventanas. Sin salir jamás. Y mi madre cada vez más gandula y yo cada vez más responsable y tú sentirás lo mismo, dime si lo sientes, pero tu ex mejor amiga apagando el cigarro a lo bruto contra el piche y amenazándote: como no entres ahora mismo, le cuento al jefe que te sales a fumar a cada momento y no haces nada. Que no haces nada. Como en La Laguna, pedazo de mierda de persona jedionda.

Llegas a tu casa y la loza ya está fregada. Te sientas a llorar en el piso de la cocina, mierda, mierda, tú solo querías estar aquí y hacer lo mismo de siempre, mierda y requetemierda ya.

Resulta que friegas un charco de pis de tu madre del suelo del pasillo y te resbalas y el pelo te cae justo en la única parte que quedaba meada. Años más tarde. Y tienes que lavarte la cabeza, pero a ver cómo lo haces ahora. Siempre es un rollo absoluto, tu madre botada en la butaca del salón y llamándote a cada momento para contarte sus historias sin coherencia y mostrarte cómo se le va deshaciendo el pensamiento. Una masa goteante, tap, tap. Munchitos recién masticados por todos los brazos y reírte hasta que la risa ni se entienda y la humedad cuando no hay lluvia y la mano flaca y llena de rajadas de las pencas de tu amiga apoyada en los temblores a los que el frío obligaba a tu brazo: te preguntas, mirándola e ignorando el olor de su pis en lo que ahora es una coleta, si tú también vas a perder todos esos recuerdos. Todos los lugares a los que deseas volver, la sensación de acabar de pasar las yemas de los dedos por los estantes plásticos del que fue tu trabajo antes de que ella se enfermara y olvidara hasta el nombre que te puso. Que te lo repitió cada día. Por teléfono o a chillido limpio, dependiendo de dónde estuvieras viviendo. Necesitas lavarte la cabeza (te tiras sin querer del moño para enrollarte un mechón en el dedo y lo sientes mojado y todo granuloso), pero.

¿Ves bien la casa? Todo el día aquí metida, como te gires un fisco más de la cuenta o te dé por salir a echarte un euro de churros con chocolate, tu madre puede levantarse, caerse, comerse alguna de las cosas podridas que esconde por ahí y que a veces le trincas en las manos y tienes que quitarle sintiendo el alivio mayor del mundo porque la salvaste de lo que seguramente. De lo que en cualquier momento. Mami, le repites, mami. Y no reacciona.

Ya no importa que dejes el suelo jediondo o que no friegues la loza o que hagas de comer algo más jediondo incluso que la barrita de cereales llena de pelos pegados y lascas verdes que le arrebataste el otro día. No importa, coño. Cuidar de la casa es otra cosa. Es cerrar todo con llave, es dejarte derretirte debajo de un edredón amarillo ya de tanto que lo han sudado ambas. Le cuentas a tu amiga, a tu ex ex mejor amiga, que cuidar a tu madre no significa mantenerla solo físicamente, también es no perder los recuerdos que te vienen de vez en cuando al mirarle la arruga de entre las cejas, la cicatriz de la rodilla que tú tienes, por fuerza, que saber cómo se hizo porque si no ya no lo sabría nadie en este mundo.

Tu amiga llega algunas tardes con quesadillas y Munchitos, y, aunque quieres preguntarle si lo hace por pena, te callas. No hablan demasiado. Se reconciliaron cuando se sajó un dedo en el trabajo aquel que tanto extrañas y ninguno de los jefes le hizo puto caso y se lo tuviste que vendar con servilletas para después llevarla casi en peso al ambulatorio.

Gracias por venir conmigo, te dijo. Gracias por aguantarme. Y se dejó dormir en la sala de espera. Y ahora tú con los pelos llenos de meado ajeno (¿ajeno?, ya no lo sabes) y acordándote (si no, ya nadie más en el mundo) de cuando estabas tan feliz que querías irte lejos y saberte feliz en el pasado y replicar la felicidad más y más y más.

Ahora no puedes salir. Tu amiga tiene que traerte quesadillas. Lo único dulce que eres capaz de mandarte. Ahora tu madre, la miras, encerrada en su cuerpo, encerrada en su atravesamiento, encerrada en sí misma, la casa te parece entonces un planeta, tú la más infeliz, tú la más infeliz sin duda, piensas siempre, y tu madre, con una vela de mocos empezando a bajarle desde la nariz como una soga, se queda contemplándose la cicatriz y suelta:

Yo me quiero ir a vivir a otro sitio, muy lejos, muy lejos, muy lejos.

Los reflejos moribundos del agua

Alicia Mares

ALICIA MARES nació en la ciudad de México en 1996. Realizó un Máster en Creación Literaria de la Universidad Pompeu Fabra, en Barcelona y fue becaria del Fondo Nacional para la Cultura y las Artes de México en la categoría de cuento en 2022-2023.

Está incluida en las antologías *Mujeres perversas* (Trajín Literario, 2022) y *Nuevas emergencias* (Candaya, 2023).

Tiene publicado la novela *Cautivo de Sombras* (Plaza y Valdés, 2020), el libro de cuentos *Cocodrilario* (Horror Vacui, 2022) y el libro-plaquette *Pangea* (Trazos de Aves, 2023).

Cuando era niña me encantaba bucear en las albercas hasta ver nacer arruguitas en mis dedos. Las plantaba bien en el cemento ardiente que bordeaba la alberca, siempre deslumbrante porque reflejaba el rayo de sol desnudo. Luego, apoyaba las plantas de los pies contra el muro cubierto de azulejos. Entonces, tras una flexión de las rodillas y una bocanada de aire nomás, salía disparada mar adentro, hacia lo profundo, con los brazos bien extendidos sobre mi cabeza. Yo era un torbellino.

Cuando emergía, con el pelo vuelto un manojo de algas que serpenteaban alrededor de mis hombros, tenía que escupir un poco de saliva. La veía verterse sobre el agua clorada, diluirse como lo hace la leche que se derrama en el café. Así de lento, en espirales dormilonas. A partir de ese momento, sentiría el agua de la piscina un poco más densa, como si estuviera chapoteando en atole. Mis papás tenían que sacarme de la piscina apenas atardecía.

Tu hermanita nada muy bien, le repetían a mi hermano, quien con apenas tres años ya hablaba bastante bien y reclamaba porque no lo dejaban nadar. *Aguanta, nene. Todavía no.*

Él le tenía envidia a mis esfuerzos por transformarme en una sirena. No era fácil: apenas sumergir la coronilla bajo el agua, yo abría la boca con el ansia desesperada de tragar. Eso no pasaba nunca, por más que yo lo deseara. En vez de eso, comenzaba a cantar ahí debajo, y contemplaba la manera en que mi voz se volvía un reguero de burbujas. Lluvia a la inversa.

Debajo del agua, mi voz se oía como distorsionada por un eco lejano, sonido que acariciaba la piel con la consistencia de la espumilla.

Vas a ver, un día más de cantar bajo el agua y me voy a transformar, le decía a mi hermano, quien me observaba con rencor desde el chapoteadero. Todavía no formulaba el modo de cruzar los brazos. *Nunca me podrán sacar de la alberca porque voy a ser una sirena.*

Lloró tanto la vez que nos fuimos de vacaciones a Cozumel que papá le compró una llanta inflable apenas llegar. La tuvimos que inflar a soplidos entre todos, con los cachetes retacados de aire caliente, que sabía a camarón y a mango; al mismo cloro de todas las albercas.

Yo ya ni sentía los ojos rojos por el cloro, pero mamá me ponía gotitas en las noches, después del baño en la regadera que me hacía escocer los hombros. Yo no sabía que el sol todavía te podía quemar aún al caer la noche.

Ah, pero dejas empantanada toda el agua tras el primer clavado, ¿verdad? ¡No sirve de nada untarte toda con bloqueador! ¡Te dije que te ibas a quemar, chamaca! Pero siempre haces lo que te da la gana.

Toda el agua escocía: la que salía del cabezal de la regadera, aquella que me bebía apenas despertar y raspaba mi garganta seca; la que caía en lloviznas repentinas sobre mis pies en sandalias.

El tercer día de vacaciones en la isla amanecí ronca, por alguna razón. *Es porque todo el día andas mojada*, mamá me regañó.

Eso no me impidió saltar a la alberca tras gritar *¡fuera, bomba!*

Una vez ahí, realicé todos mis trucos y actos de sirena: pararme sobre los brazos y agitar las piernas hasta sentir en las rodillas la brisa tibia del exterior, derrumbarme hasta el fondo del lecho marino y nadar como mantarraya, bien pegadita al piso, dar maromas para enfrente y atrás, analizarme el frente y envés de las manos a ver si ya me habían salido membranas, sentarme y abrazarme las rodillas. En cualquier momento, apenas cayera el sol, alzaría la mirada hacia el cielo y ya no vería burbujas, porque ya no necesitaría respirar. Tendría branquias en el cuello bronceado, y mis piernas se habrían fundido en una sola.

Ya mi amor, rogaba mi mamá. *Ya. Shhh.*

En la superficie, lejos de los castillos de oro, de las canciones de embrujo y de mis ojos hinchados (que ya distinguían cada pez debajo del mar), mi mamá le pedía a mi hermano que dejara de llorar. Se la pasaba teniendo pesadillas: ella ni dormía por estarlo consolando.

En cualquier momento, me repetí, tratando de volver a mi transformación mágica.

Como decía: agitaría mi cola una sola vez para atravesar la superficie del agua. Abriría los brazos a las nubes aborregadas. Después, tras un zambullido que sacudiría todo el hotel, me sumergiría para nunca más salir. Mi familia tendría que ponerse equipo de buceo y cenar conmigo de a mentiritas, pues tendrían máscaras y cargarían tanques de oxígeno en la espalda.

Bueno, anda. Quédate en tu llantita y ve nadar a tu hermana, ¿okey? Quédate quieto.

Desde las profundidades de la alberca, vi cómo sacaban a mi hermanito del chapoteadero y lo colocaban sobre la llanta inflable. Aparte, mamá le puso dos flotadores en los brazos. Irritada, salí como saeta de la zona honda y silbé en su dirección un chisguete de agua, que apenas y le mojó el hombro a mi hermano.

Yo me voy a transformar en sirena, le espeté, molesta. *No interrumpas.*

Okey, dijo, con los labios fruncidos. Era experto en hacer mohines. Él agitó sus piernitas, diminutas dentro de la amplitud de la alberca. Volví a meterme al agua.

Buceé en paz infinita. Era época baja y no había ninguna otra alma afuera, aparte de que ya era la hora de comida. Solo estábamos él y yo. Papá había ido a reunirse con un cliente al bar del hotel y mamá intentaba descansar en el camastro, molesta porque ninguna nube durara demasiado. Eran muy pequeñas, tal como mi hermano. No tenían las dimensiones correctas.

En cualquier momento, me repetí, después de tomar una profunda bocanada de aire y hundirme hasta lo más hondo. Mi hermano me observaba desde arriba, asomando la barbilla para poder ver al interior de la piscina. Se inclinaba mucho para alcanzarme a ver, y me sacaba la lengua cada que yo terminaba una nueva aventura. Tristemente, tuve que aceptar que tenía la garganta hinchada, porque pasar saliva me dolía. Era como frotar el dedo contra una lija.

No me voy hasta completar mi transformación, decidí. Aunque, ¿qué cosa la detonaría? Poco a poco ideé un ritual.

Como a las cuatro, decidí que tenía que concentrarme en reunir los ingredientes que requería el ritual mágico: diez azulejos recién arrancados, un mechón de mi pelo, una probada de mi sangre. Solo así la transformación en sirena estaría completa.

De vez en cuando, miraba hacia arriba. Mi hermano seguía dentro de su llanta inflable. Lo veía hablarme desde ahí, agitando sus manitas para llamar mi atención. *Nana*, llamaba. *Nana*. Yo nadaba flexionando las piernas, justo como lo hacen las ranas. Todavía no, le repetía, mi voz vuelta una lluvia de burbujas.

Reunir los ingredientes para el conjuro fue fácil. Solo me apreté la cabeza y arranqué un manojo de cabello negro. Además, me corté sin querer la yema del dedo índice arrancando el noveno azulejo del piso de la alberca, ¡ni me esforcé! Reunido todo, tomé una última bocanada de aire, y nadé hacia lo profundo. Me senté en el centro de mi círculo mágico, crucé las rodillas, y me dispuse a aprovechar el último rayo de sol de la tarde, que ya bañaba un extremo de la alberca.

No sabía describir esos reflejos entonces. Eran el punto de partida del conjuro, eso sí. Los reflejos del sol atravesando el agua se ramificaban, se extendían hasta lamer la superficie pulida de todos los azulejos. Me dejaban pintada las mejillas del color nácar de las caracolas; eran tan intensos que creí que me rajarían las mejillas.

Sé describirlos ahora, que he reconstruido la anécdota después de mucho batallar. Los reflejos del sol en el agua eran la iridiscencia final.

El conjuro, por su parte, llegaría a su final cuando a mí se me acabara el aire y expulsara todas mis burbujas.

Sabiendo esto, eché a cantar como una posesa, apretando bien el estómago y mostrando la campanita de mi garganta. Bajo el agua, no sentía la ronquera, el dolor en los hombros quemados. Bajo el agua todo era afelpado y sencillo.

No supe ni a qué hora pasó, pero me empecé a deslizar hacia atrás; me derretía como el helado hacia los azulejos que se oscurecían. Arriba, el tránsito de las nubes no se detenía, y mamá se removía inquieta sobre su camastro, tratando de dormitar. El sol estaba en sus últimos instantes de agonía.

Así lo reconstruyo: comencé a flotar sin saber cómo. Me ladeé. Miraba el costado azulejado de la alberca, sin entender por qué el agua no se movía y las luces sí. Fluctuaban como las luces del norte, sí, justo como una aurora. *Aguanta*, recuerdo que pensé. *Aguanta*. Tenía las manos hechas puños... en algún punto las relajé, o más bien, se abrieron solas.

Las burbujas que salían de mi boca eran cada vez más chiquitas.

Algo sacudió el agua entonces. Como un salto, una bomba, un relámpago. Algo se movía.

En cualquier momento, temblé, presintiendo la llegada de la magia. Las burbujas me envolverían como la efervescencia de los refrescos, con la suavidad de las plumas, como ir a dormir sobre una almohada y cerrar los ojos en el cuarto del hotel con el aire acondicionado prendido, y de pronto escuchar a mi hermano llorar, porque había tenido una pesadilla.

Ya no sé ni que pensaba. Razonar era bien difícil. Me imaginaba alguna oscuridad que reptaba desde el extremo de la piscina y así pintaba de negro a los azulejos azul claro. Una oscuridad que se envolvía alrededor de mis piernas y las transformaría en una cola irisada, en cualquier momento.

Un eco desde lejos. Un canto desde las profundidades. Algo se movía y decía algo. Mi pelo flotaba alrededor de mi cabeza, corona serpentina. Finalmente entendí que decía.

Nana. Nana.

Era mi hermanito, ¡había tenido una pesadilla! Eso me hizo pensar en abrir los ojos, en levantarme de la cama e ir a comer algo en lo que a él se le pasaba el susto. Y eso hice: abrí los ojos. Una punzada aguda en el pecho me sacudió.

Mi hermano me miraba desde arriba, con el rostro dentro del agua clorada. Yo no entendía cómo, cuándo. Él extendía sus manos hacia mí, abriendo y cerrando sus puñitos. Mi visión se cortaba en rajaduras de rojo y negro; no podría expulsar un solo canto. *¡Nana!*

Desde la superficie, una nube definitiva se asentaba sobre mamá y le comprobaba la somnolencia de la resolana. Intenté sacudir los brazos, pero ahora sé bien que los reflejos del agua solo saben encandilar e hipnotizar a fin de completar un embrujo propio.

Mi cuerpo se arqueaba; flotaba hacia arriba con la lentitud de una pluma.

Abrí los ojos en cuanto papá se arrojó a la alberca, todavía vestido con su traje. Vi cómo su teléfono se hundió en el agua, dando piruetas. Sus lentes salieron volando. Mamá voló fuera de su camastro, gritando. Violentos chapuzones poblaban el mundo. Arriba, todo el mundo gritaba.

Arriba, mi hermano agitaba las piernas inútilmente, sintiendo la brisa pegarle en las rodillas. Tenía el resto del cuerpo dentro del agua, y las manos bien extendidas en mi dirección.

∽

A través de los años, volví a abrir la boca con el ansia desesperada de tragar. Eso no pasaba nunca, por más que yo lo deseara. Cada que encontraba un nuevo cuerpo de agua y me sumergía, mi voz era el recorrido de la lluvia a la inversa. Cada que comenzaba a cantar sumergida, escuchando mi voz distorsionada por un eco lejano, nunca tenía la fuerza para expulsar la última burbuja. Siempre hay gritos provenientes de la superficie, manos que se hunden como arpones en mi dirección.

Tú sí lo lograste, hermanito. Te convertiste en sirena. En cualquier momento, un día de estos que nuestros papás despeguen su sombra de la mía, te alcanzaré en las profundidades.

Un cuento celeste

Marisa Martínez Pérsico

MARISA MARTÍNEZ PÉRSICO nació en Lomas de Zamora, Provincia de Buenos Aires (Argentina), en 1978, y reside en Italia. Es licenciada en Letras por la Universidad de Buenos Aires y Doctora en Literatura Española e Hispanoamericana por la Universidad de Salamanca. Es profesora adjunta de Lengua y Traducción española en la Università degli Studi di Udine. Tiene publicados los siguientes poemarios: *Las voces de las hojas* (1998, Baobab, Premio Nacional «Río de la Plata» Argentina), *Poética ambulante* (2003, Programa Arte Joven de la Provincia de Buenos Aires), *Los pliegos obtusos* (2004, Programa Arte Joven de la Provincia de Buenos Aires), *La única puerta era la tuya* (2015, Verbum), *El cielo entre paréntesis* (2017, Valparaíso / USA), *Finlandia* (2021, RIL Editores), *Principios y continuaciones* (2021, Pre-Textos), *Las cosas que compramos en los viajes* (2022, Esdrújula, XXV Premio de Poesía Latinomericana Ciro Mendía, Colombia), *Los parques interiores* (2023, XLVIII Premio de Poesía Rafael Morales).

No remuerde la conciencia
al pecar como al dar cuenta.

Alonso de Barros, *Proverbios morales*

Siempre que cruzo los médanos mojados de esta playa desierta tengo la impresión de que un residuo de aquellas ceremonias nocturnas que celebrábamos con los chicos de Temperley, tomando mate y esperando el amanecer sobre el torreón, quedó olvidado por aquí y se encontrará de pronto con mi pie desnudo. Pero qué tonta, ni siquiera recuerdo qué ropa teníamos puesta, ni si el Pelado había venido con nosotros. La última noche sacamos una foto con una cámara instantánea, de eso sí me acuerdo. Me la quedé yo. Pero al volver a casa la rompí. Mejor dicho: la apuñalé con el cortaplumas de abrir sobres y el papel baritado empezó a sangrar vísceras blancas, nubecitas pulverizadas de papel ilustración que se escaparon volando por la ventana del baño.

Lauren con la Fender, allá, en el centro de la ronda. Lauren y yo de pie en la orilla con mi suéter inflado, embarazada de viento. Laureano y yo, riéndonos de nada. Ahora que es otoño y piso médanos húmedos de escarcha, cuando el amanecer pasó y me lo perdí, sé que la arena es arena. Que este viento manso que me toca la cara se explica por la corriente del oeste: por fin se terminó la sudestada. Y esa banderita triangular que sobrevive al vaivén enarbolada en su mástil, dócil trozo de tela atado a un barquito pescador, zarpó confiada, sumisa al pronóstico del tiempo, el mismo que predice mi epidermis con su roce de brisa y estornudo. Ahora, cada presencia está subordinada a un cálculo y no a un remordimiento.

En invierno nos gustaba descubrir la capital en colectivo. Elegíamos las líneas que llevaban a Palermo y desnudábamos las calles por la ventanilla con un merodeo impertinente. Después nos íbamos a escribir a la Biblioteca Nacional. Desde la escuela nos gustaron los cuentos al alimón, ¿te acordás, Lauren? Fuimos afinando el método, perfeccionando juntos los desenlaces. Qué destreza alcanzamos, ¿eh? Quién hubiera dicho que llegaríamos a tanto. Nuestros ojos recolectaban maravillas en las esquinas como caracolas de balneario: carritos ambulantes y edificios neoclásicos, el vellocino de oro en las retacerías de Plaza Once, las putas diligentes de Constitución, la carpa blanca que empezaba a echar estacas enfrente del Congreso en repudio a la reforma educativa. Buscábamos temas inolvidables con voracidad y sin escrúpulos, y después escribíamos sobre eso.

Hasta esa noche en la playa no volvimos a hablar de Celeste. Pero poco antes de la foto polaroid, encendimos una fogata con los chicos. Era una fogata pirámide, ¿te acordás, Lauren? Parecía una pira sacrificial. Cavamos un pozo de treinta centímetros para que el fuego no se apagara con el aire y le sacamos piedritas y caracoles de adentro para evitar que explotaran del calor. Después le pusimos bollitos de diario en lo más hondo, y ramitas de sicomoro, y un cono de maderitas en forma de cucurucho, atadas con una hoja de formio seca. La encendimos.

Prendió bien. De pronto, entre las llamas que crepitaban rumorosas, apareció Celeste. Se nos acercó despacio, descalza y con el pelo suelto, por el lado del mar. ¿Quién la había llamado? ¿A quién se le ocurrió invitarla? ¿Cómo sabía que estábamos allí? Nos miramos incómodos, pero no dijimos nada y la saludamos con fingida cordialidad. Valeria, que hasta el último día había sido su compañera de banco, la invitó a sentarse con nosotros.

La cuestión es que a los pocos minutos Celeste estaba ahí, sumada a la ronda, entonando nuestras canciones y esperando al calor de la fogata los primeros rayos matutinos. Los chicos se pusieron a tocar la guitarra, Nacho punteaba el requinto, y en un cierto momento empezaron a improvisar sobre una base de blues.

—Nos caíste como peludo de regalo, así que ahora queremos escucharte —dijo Silvina, extendiéndole una guitarra.

Celeste tocaba bien y tenía oído absoluto.

—No, mejor ella —respondió, rechazando el mástil con la mano—. Ella que estudió en conservatorio, ¿ya se olvidaron? Era la única a la que llamaban para tocar en todos los actos —y mirándome con acritud me desvió la guitarra.

Así sacó a relucir la razón de nuestra eterna enemistad, esa rivalidad nacida cuando éramos alumnas del último año de la secundaria. La profesora de música me elegía siempre a mí por obra y gracia de la técnica. A ella, en cambio, la mandaba a la sala de música a practicar, a ver si con mucho ejercicio lograba destituirme de mi trono. Mis manos conservan todavía la pericia de quien carga con años de solfeo: repertorio fijo estudiado como un simio obediente y machacón, no pude interpretar jamás una melodía nacida en el momento, salir de la estructura, dejarme seducir por la vigencia efímera de algún sonido nuevo.

Ante los ojos expectantes de Silvina y la mirada venenosa de Celeste, tuve que cederle mi lugar.

—Yo no sé improvisar —acepté—. Es tu turno —sonreí derrotada.

Después de años de muda humillación, llegaba finalmente el desagravio. Ahora que no servía de nada.

No podría describir con justicia el manantial de música que le nació en los dedos. Tenía la aspereza de lo épico: imaginé el lamento de Kriemhild sobre la tumba de Sigfrido, las Eddas, la mitología de los pueblos germánicos después de la caída del Imperio. Era un llanto de cuerdas en tono menor. Una urpila, ese pájaro pequeño y plomizo que algunos llaman torcaza cuyana o palomita de la Virgen, apareció flotando en el aire y se embarcó en un arrullo intempestivo, en unos gorjeos dolientes para acompañarla.

El festejo se nos fue de las manos. La visita imprevista, la infiltrada misteriosa se había convertido en el astro indiscutible de la noche. Frente al fogón aterido de bemoles, maldije el conservatorio, denigré mi diploma marrón de filigrana, la odié a Teresa por decirme que yo tenía habilidad de concertista, por no enseñarme ni jota del repertorio popular. ¿De qué me habían servido tantos años de solfeo, el serialismo integral, la escuela de Viena, si era Celeste Sadir la que brillaba debajo de la luna, estremeciéndonos con su prodigiosa claridad? Una lucecita autóctona empezó a iluminar la franja de mar del horizonte y me abrazaste, Lauren, en el despuntar del día. Celeste supervisó nuestro cariño con frialdad. Agorera, te miró como si fueras otra pieza a la que le faltara la savia de la vida, como todo lo que yo sabía tocar.

Con los primeros rayos, la fogata empezó a apagarse sola. Qué puntualidad virtuosa, qué *timing* envidiable. ¡Ah, si también aquella vez el fuego se hubiera apagado solo, en el momento indicado! Pero no. El incendio de la escuela lo quemó todo. Eso que los alumnos habíamos hecho numerosos simulacros de evacuación: se anunciaban sin previo aviso por el altoparlante, interrumpiendo la lección, y teníamos que abandonar en el acto lo que estuviéramos haciendo, como en una emergencia real.

Todos sabíamos que el tiempo máximo para acudir al punto de reunión era de diez minutos para todas las plantas. Teníamos experiencia en controlar baños, cerrar ventanas, evitar situaciones de pánico y caídas. Y cerrar el gas. Interrumpir el suministro eléctrico, la calefacción, el agua. Estábamos acostumbrados a responder a las señales de alarma evitando terrazas y patios, a no usar ascensores ni demorarnos en recoger objetos personales. Sabíamos que apenas el jefe de emergencia ordenara la evacuación debíamos activar el protocolo...

Nunca se descubrió qué estudiante vicioso desconectó el detector de humo, encendió un cigarrillo en el baño y arrojó la colilla a la basura a medio apagar. Se evacuó con éxito toda la escuela, menos la sala de música. ¡Justo vos, Lauren, estabas en la escuadra de socorristas y eras el coordinador de planta! Pero ni vos ni los demás se acordaron de que existía una única sala insonorizada en todo el edificio, donde los anuncios por megafonía y la alarma de incendio, con la puerta y las ventanas cerradas, no se podían escuchar. A mí ya no era necesario salvarme, yo estaba a buen resguardo en la calle, así que diste por descontado, mi Lauren inocente, que la sala estaría vacía. Después de todo, yo era la concertista oficial, ¿no? ¿Quién iba a estar ahí, perdiendo inútilmente el tiempo?

Y resulta que Celeste estaba en la sala de música practicando el himno para el acto de egresados. Era la última oportunidad de que la profesora la eligiera a ella, y nadie le advirtió del peligro. Cuando la encontraron, su cuerpo apareció arrodillado con las manos abrazadas al clavijero de una guitarra acústica, carbonizada como ella. Parecían dos triangulitos atados por el vértice. Una fogata extinta a destiempo.

Después de aquellas vacaciones, algo se rompió entre los dos. La culpa nos separó para siempre. Cuando llegué a casa, busqué la caja que guardaba tus cartas y las rompí, junto con la foto polaroid. A esta última la apuñalé con el cortaplumas de abrir sobres. Pero antes la miré bien: los chicos de Temperley y nosotros dos sonreíamos para la cámara. Y nadie más.

Ya no volvimos a escribir en colaboración, pero terminamos el cuento por todo lo alto, ¿no te parece? Fue bello el bordado final. Ambos fuimos indispensables para el desenlace. Los dos desteñimos hacia el mismo color. Cierto que la realidad ayudó bastante, sirviéndonos la historia en bandeja. Pero hay que tener mucho cuidado con lo que se escribe, Lauren. Celeste fue nuestro personaje más vengativo. Terminó por robarnos el protagonismo y el amor.

El canto del cisne

Blanca Mejía Jara

BLANCA MEJÍA JARA nació en Madrid en 2000 Estudió el doble grado de Derecho y Ciencias Políticas en la Universidad Carlos III de Madrid.

Publicó su primer cuento en 2009 en la revista *Al otro lado del espejo*. Ha recibido diversos premios de relato y poesía: XX Concurso Nacional de Poesía Joven de los Juegos Florales del Campo de Cartagena (2014); IX Certamen Literario «Ser Ciencia Ficción: 75 años de la Guerra de los Mundos» (2014); XIII Concurso de Relato Corto de la Villa de Colmenarejo (2014); XIII Certamen de Relato Corto Rozas Joven (2015), y accésit en el Concurso Literario «Gustavo Martín Garzo» de Valladolid, en la Categoría II, estudiantes de 15 a 17 años (2017), entre otros.

Gracias Marcel, gracias Lucia;
por el principio y por el final.

∾

Mucho tiempo he estado apuntando mis sueños para no olvidarlos. La casa llena de libretas manoseadas, con las hojas curvas por el peso de la tinta. Mi psicólogo dice que es un comportamiento obsesivo, contraproducente para la terapia. Me da igual; anoche soñé que los somníferos caían como copos de nieve sobre mi cara y tuve un orgasmo. Ningún tratamiento me ha dado tanto placer, solo la neurosis. Escribir sueños resulta tan fluido como orinar, basta con dejar de aplicar presión a tus defensas. En cambio, el informe sobre las modificaciones de contratación pública que debo presentar en el gabinete me tiene bloqueada. Me pregunto por qué. Las palabras están vivas, puedo atestiguarlo. La última vez que me estudié en el espejo, reparé en las letras revolviéndose como insectos atrapados en mis córneas. Lo apunté también. Me gusta vivir sola, pero me deprime. Supongo que la razón es biológica. Mi casa me recibe con la boca abierta, caliente y húmeda, y yo penetro en ella ejerciendo mi tiranía. A veces me devuelve cosas que ya había olvidado, me obliga a volver atrás. Hace poco encontré un diario de adolescencia. En una de las páginas escribí mis aspiraciones de la vida adulta: operación completa de rostro, trabajo en el cine o el teatro, poliamor. Creo que perdí ese diario a propósito. También creo que moriré pronto. Mi jefe me ha dicho algo que me tiene pensando desde entonces: no te pago por pensar. Mientras preparaba mis oposiciones experimenté cierta sensación de vacuidad que nunca compartí con los instructores; las palabras de mi jefe me han devuelto a ella ciento cincuenta temas, cuatro exámenes, un período de prueba después. He encontrado un sueño que anoté no sé cuándo, en el que me abrían el cráneo y descubrían un cerebro gangrenado. Las lesiones se remontan a tu época universitaria, dijo el neurocirujano. Yo asentí con gravedad. He conocido a un hombre por Internet, me recuerda a un profesor de informática que tuve, viejo y pegajoso. Es de un pueblo mediano, vive junto a sus padres nonagenarios, su familia cría cabras. Una madrugada me escribió todo lo que quería hacerme. Me pregunto si tendrá gustos zoofílicos. Transcribí sus intenciones en una de mis libretas por si llegara a ser útil a la policía. Siempre pensé que el sexo era un asunto individual. De pequeña experimentaba con mi cuerpo, como todos los niños, y me sentía satisfecha con mi fisonomía de mujer; esa complacencia debe de estar perdida entre los pasillos de mi antiguo instituto. Apunto la siguiente cuestión: ¿el placer es intrínseco al cuerpo, o realmente surge del alma? Mi alma vale más que mi cuerpo, así que espero que la segunda hipótesis sea la correcta. Otro sueño: mi jefe me violaba en los baños del Ayuntamiento y yo me calcificaba como la esposa de Lot y estallaba en innumerables fragmentos de obsidiana. Desperté sintiéndome culpable por la mujer de la limpieza. Durante la infancia me inventé muchas hermanas; mi favorita era una niña zimbabuense, muy parecida a otra real que apadrinamos, que me obligaba a tocarle los pies para buscar las respuestas de dios. La quería más que a mis padres. Los dos eran banqueros, y como todo el mundo odia a los banqueros, cuando en la escuela preguntaban por la profesión de nuestros padres, yo mentía y decía que eran exterminadores de ratas. Vivíamos en una casa donde los grillos no cantaban de noche. A mí el silencio no me dejaba dormir, por eso me dedicaba a explorar mi cuerpo. Mi psicólogo y yo estamos de acuerdo en que hablar sola es la cosa más cuerda del mundo. Me atrae mi psicólogo; cuando quede con el profesor de informática y tengamos sexo, le pondré su cara. No me gusta escribir informes pero sí tener un sueldo fijo, estoy atada de pies pero no de manos. Espero morir pronto. Me gustaría hacerlo con los ojos abiertos, mordida por una víbora como Cleopatra. También me gustaría llevarme a alguien conmigo. Creo que elegiré a la niña zimbabuense. Debe de ser mortalmente aburrido estar sola en el más allá. Nunca he querido ser madre; las madres son vasijas, y yo solo aceptaría ser vasija si alguien me pusiera flores dentro. Acabo de darme cuenta de que la niña zimbabuense se llama Galatea. Tiene sentido; yo soy su escultor. Sobre las tablas hubiera sido muy feliz, una Madonna pintada de azul recitando textos infernales. Pero soy administradora civil, soy la que escribe esos textos. Un sueño más: recorría las calles de una ciudad sucia y oscura, estaba envuelta en una crisálida, todos los viandantes eran mis Doppelgängers. Estoy tan sola... Mi jefe me ha parado de camino al aseo, quería saber por qué lo miro siempre con tanto odio. Yo lo he negado y luego me he disculpado. Terminaré ese informe aunque me consuma. Después del trabajo suelo dedicar unos minutos a masturbarme; lo siento como un ritual de purificación. Me frustra mucho haber tenido mis mejores orgasmos dormida. Sospecho que mis padres no han vuelto a acostarse desde que nací. Algunas noches, cuando vivía con ellos, me acercaba a la puerta del dormitorio matrimonial, posaba mi oreja en la madera esperando los sonidos del amor: solo captaba el eco de una cripta medieval. No sabía que hay que quitar el polvo del vano de las puertas. Esta mañana he escuchado a unas compañeras quejarse de que sus empleadas domésticas son perezosas y hostiles. Como si ser pobre fuera una decisión meditada alevosamente. Yo he decidido recuperar mi diario de adolescencia y escribir esta fantasía: recorrer el Líbano con los pies descalzos y una rosa blanca en el escote. Después me ha invadido la fiebre poética y he añadido: caminante no hay camino, solo sueños que escribir. Juzgué mal al profesor de informática. En realidad no quiere follar conmigo, solo presentarme a sus ancianos padres y dar paseos por el campo. Las insinuaciones vía online eran una prueba de carácter. Estoy un poco dolida, como si me hubiera superado una cabra. Hace años que no viajo, en terapia se ha discutido un posible principio de agorafobia. Me parece estúpido; saldría de mi casa si existieran lugares más interesantes. Una tarde visito a mis padres. Han planeado un viaje de dos a París para celebrar su jubilación. Quieren ver las catacumbas; supongo que allí abajo habrá muchas ratas. No me gusta visitar la casa de mis padres, me recuerda que los fantasmas solo existen para quien los tiene. Cuando llevo varias noches sin sueños por el abuso de pastillas para dormir, me los invento. Entonces descubro que mi imaginación se agota en la vigilia. No hace falta que esté dormida para sentir que me asfixio.

Respuesta del psicólogo: ataques de pánico. Por si acaso, no pestañeo. Hay mucha belleza a mí alrededor: la televisión siempre encendida, el goteo de la pila, las libretas. Creo que debería empezar a leer más allá de lo que escribo. He conocido al profesor de informática en persona. Viajó desde su pueblo para nuestra cita. No es ni la mitad de desagradable de lo que imaginaba, pero me ha confesado su alcoholismo y voy a dejarlo. Relacionarse con personas insanas es contrario a mis principios. Papá y mamá se casaron sin amarse, yo tampoco amo a nadie; ¿dónde está mi velo de novia? He abierto mi corazón al psicólogo y le he confesado que sueño con él a menudo. Me ha preguntado qué ocurría en esos sueños, pero no tenía mis cuadernos encima. Releyéndolos, he descubierto que nunca aparece la naturaleza. Ni un campo, ni un río, ni una triste margarita. Aunque creo haber soñado, alguna vez, con una estación ferroviaria que se parecía vagamente a un nido de águilas. Lo solucionaré viendo documentales de pago. Quién sabe, quizá sí existan lugares interesantes. Cuando era adolescente, me escapaba de madrugada hasta un puente elevado que cruza la autopista y dejaba caer cosas desde allí: una horquilla, cartas de amor escritas por y para mí, una gota de sangre. Ni la niña zimbabuense me acompañaba entonces. He recibido una postal de mis padres: aparecen dos gárgolas de Notre-Dame. Estoy muy cansada. Ayer rompí relaciones con mi psicólogo y quiero destruir algo, algo pequeño y frágil como un ego. Fue cruel conmigo. Me dijo que no lograba entender por qué no era feliz, que debería estar agradecida con mi vida. Yo le dije que a él la gente le pagaba para que la viera morir lentamente; ¿cómo podía estar agradecido con eso? No hay espacio en mi casa para otra decepción. El profesor de informática-amante de las cabras no deja de escribirme, ahora para insultar. Mi imagen de él está perdiendo puntos por falta de originalidad. Quizá se trate de una de sus pruebas. No quiero bloquearlo; me hace compañía en las noches de insomnio. Necesito comprar más libretas. Una nueva postal desde París me esperaba en el buzón: primer plano de Luis XVI, ya maduro y fofo. Mirando su retrato casi puedo sentirme identificada con ese rey neurótico, débil. Cada día me convenzo más de que mis padres me detestan tal y como yo los detesto a ellos. Nos toleramos por el ADN, ineludible. He soñado algo que no necesito apuntar en ningún lado; algunos sueños son así, permanecen en la memoria por mérito propio. Estaba a punto de parir, el padre podía ser mi psicólogo, el profesor de informática o mi jefe, o los tres a la vez, no lograba decidirme. Entonces expulsé una masa informe, gimiente, quería amarla, pero me parecía tan repulsiva... Desperté agotada, me fijé en una mancha ocre oscuro tatuada en las sábanas: se me había adelantado la menstruación. ¿Cómo iba yo a saber que el vacío pesa así dentro de una? Tengo tantos cuadernos de sueños que no me queda más remedio que dormir con ellos. En el desorden no encuentro los somníferos, he empezado a oír el canto del cisne... Se acabó. Ni siquiera he terminado el informe. Pediré una excedencia. Quiero irme. Voy a irme. El Líbano estaría bien. No le mandaré postales a nadie, quizá un mensaje al profesor de informática avisando de que el vuelo ha ido bien. Niña zimbabuense, sueños míos, apiadaos; en realidad no tengo ningunas ganas de morir.

La piscina

Ana Muñoz Padrós

ANA MUÑOZ PADRÓS nació en Zaragoza en 1988 y vive en Bruselas (Bélgica) donde actualmente trabaja como periodista independiente.

Lena supo que estaba embarazada el 25 de mayo de 2016. Se prepara un café y piensa en llamar a su marido. En lugar de ello, va a nadar.

Durante los primeros meses, en concreto hasta la semana número once, Lena va a la piscina en días alternos, una tarde sí, una tarde no. Por las mañanas, sobre la mesa de la cocina, traduce manuales de instrucciones o revisa la gramática de tesis universitarias. Son textos que no le interesan demasiado. El pago no es gran cosa. Pero intenta no pensar en eso. Le gusta que la piscina de seis carriles sea un lugar previsible: seis filas de manos que persiguen pies sin tocarlos. Cuando nada imagina su vientre como esa piscina aunque no siente al bebé flotando, sostenido, dentro de ella. En el agua, piensa Lena, todos somos invisibles aunque estemos desnudos. No entabla conversación con otros nadadores, no va a la piscina para hacer amigos. Hasta la tarde en que un padre y sus hijos, un nene y una nena, eligen jugar en su carril, el próximo a las escaleras: el padre aguanta la respiración hasta tocar el fondo y al subir les tira de los pies. Las criaturas dan un grito. Lena escucha el grito con la cabeza sumergida. Percibe el movimiento anómalo del agua también cuando nada en dirección opuesta. Ya no puede concentrarse en otra cosa. Pero sigue nadando.

Cuando ella nada, el bebé se siente a salvo. Lo ha leído en internet. Qué estupidez, piensa Lena. Nadie puede saber cómo se siente un feto.

Sucede entonces lo que no tiene manera de prever aunque —luego pensará— en cierta manera esperaba: algo le golpea los muslos. Se queda sin respiración. Comprende que solo ha tragado agua, pero ya es tarde, el hombre está nadando hacia ella. Los labios finos muestran dos filas de dientes puntiagudos y amarillentos, como el color de la piel. Si se ha fijado en la boca es porque las gafas empañadas y el gorro de plástico le impiden saber algo más de él salvo que es un hombre flaco. El hombre obliga al hijo que al hacer un clavado ha caído sobre Lena a pedir disculpas. *Pídele disculpas a la señora.* El niño dice lo siento alargando la última o mientras la nena reclama la atención de ambos desde las escaleras. Lena dice que solo ha tragado agua y piensa en el cloro viajando por el cordón umbilical hasta su bebé. Después, padre e hijo nadan hacia las escaleras en donde, para disgusto de Lena, continúan jugando a las aguadillas. Lena abandona la piscina de mal humor y diez minutos antes de lo acostumbrado. Todavía no lo sabe, pero pasarán muchos meses antes de que vuelva a nadar.

Pocos días después —no recuerda con exactitud cuántos— Lena vomita a la hora del desayuno, a la hora de la comida y después de la cena. Al día siguiente también, y al otro y así hasta el final del embarazo. Aunque los dos eventos no están relacionados —Lena padece una condición anómala que afecta al uno por ciento de las embarazadas, le explica su ginecólogo—, vuelve sin un motivo concreto al instante en que en lugar de aire tragó agua. A veces vomita tanto y tan fuerte que teme que su diafragma empuje al feto garganta arriba. El 10 de enero de 2017, dos días antes del parto, los vómitos cesan. El bebé nace antes de tiempo. Durante los meses que siguen Lena se pregunta qué era aquello que su cuerpo trataba de expulsar.

Una mañana de otoño en que Lena no tiene ningún encargo pendiente ella y su hijo van al parque. Pronto cumplirá un año y ya sabe algunas palabras. *Papá, mío, dame.* Se detienen cerca del lago y dos mujeres que quieren entablar conversación se inclinan sobre el carrito. Dicen que es un niño precioso. A Lena su hijo le parece feo, casi deforme. Además, la fraternidad entre mujeres le pone nerviosa. Pero agradece el cumplido como si por su boca hablara otra persona. Le pasa a menudo: toma tal distancia de sí misma que de veras duda si la Lena que piensa y la Lena que vive ocupan el mismo cuerpo, como si la segunda fuera la traducción torpe de la primera, dos idiomas sin equivalencia, alfabetos distintos. Un trabajo y una pareja no han remendado sus jirones. La maternidad tampoco. Quiere a su hijo, está segura, pero como a una parte del cuerpo que ni se ama ni se odia, el codo por ejemplo, que también sabe doler y mucho.

Todo esto es complicado de explicar, igual que lo que sucede a continuación, cuando delante de Lena y las dos mujeres pasa un hombre delgado, acompañado por un niño con la camiseta manchada de barro y una niña con un tutú rosa que grita como la vez que junto a las escaleras de la piscina exigía que le hicieran caso.

Lena echa a andar detrás de ellos.

Tal vez siempre chille así, qué insoportable, piensa. Aunque no puede ver otra cosa que la nuca y la forma de huevo de la cabeza del hombre, recuerda sus dientes puntiagudos bajo los labios finos. Los sigue entre las hayas algunos metros. Cuando finalmente los pierde de vista se siente ridícula.

Regresa ocho minutos y medio después. Su bebé sigue allí. Las dos mujeres también. Están encorvadas sobre el carrito. Le hablan con la voz ñoña que usan los adultos para dirigirse a las criaturas y a los animales pequeños. Quiere gritarles que no toquen a su hijo, aunque una esté de brazos cruzados y la otra aferrada a su bolso. Lena lee en sus rostros la pregunta que no quiere hacerse. Espera. No dejará que dos desconocidas le llamen malamadre. Pero solo repiten que tiene un niño muy bueno. Y después de algunas frases sobre el clima y el horario de los autobuses se marchan.

Mientras de regreso a casa empuja el carrito donde su hijo duerme, Lena reflexiona. No comprende cómo el hombre y los niños han podido desaparecer de esa manera. Aprieta el paso. Es 27 de octubre y ya empieza a refrescar.

Un episodio similar tuvo lugar la siguiente primavera. En la casa, la rutina de la pareja ha cambiado poco. Lena vuelve a nadar ocho semanas después de dar a luz y las tardes en que va a la piscina su marido se queda jugando con el bebé. Durante la época de los vómitos la pareja dejó de hacer el amor y desde entonces lo hacen a veces, pero solo en fin de semana y a la hora de la siesta, mientras su hijo duerme. Lena cree que su marido tiene una amante. Parte de ella desea que así sea, pero no sabe qué palabras usar para formular la pregunta. Otros días prepara bizcochos o tartas. Usar las manos le ayuda a concentrarse. Excepto si lo que debe manipular es un ser vivo. Uno de esos sábados prende el horno e inmediatamente después repara en que no hay levadura. Le dice a su marido, desde la puerta, que sale un momento a comprar. No sabe si le responde. No le importa. Es como si le hablara a un fantasma.

Regresa de noche, empapada de arriba a abajo, aunque no llueve.

La espera sentado en el sofá. El niño duerme en una esquina, la cabeza apoyada en el reposabrazos. *¿Qué ha pasado, por qué estás mojada?* Su marido le hace otras preguntas pero no por qué ha regresado sin la levadura. Lena responde algo sobre una amiga, le da largas. No se le da bien mentir. No le cuenta que la tienda más cercana estaba cerrada y que en lugar de regresar a casa decidió caminar. Que al atravesar el parque sintió un miedo tremendo, peor que el miedo a la oscuridad o a las ratas, o a que nadie viniera a recogerla después del colegio cuando era niña. El miedo de los sueños en que la casa se inunda, y su marido y el bebé están dentro, y ella desde fuera ve el mar que entra por las ventanas y por debajo de la puerta, y se despierta aterrada y sin reconocer la línea que separa las pesadillas de las premoniciones y de los deseos. Un miedo que la desborda, pero que es suyo.

Se sienta en un banco, frente al lago. En el otro extremo hay un hombre solo. Es delgado como el padre de la piscina. La misma cabeza de huevo. Lena le pide un cigarrillo aunque hace cuatro años que no fuma. El hombre acerca su mano y un mechero a las manos temblorosas de Lena. Se acuerda entonces del horno que probablemente sigue encendido y le da la risa: ella jugando a la esposa que cocina tartas los sábados, qué tontería. Entonces se pone de pie, tira el cigarrillo a medias y camina hacia el lago. El hombre del banco la sigue.

Con el agua al cuello siente que al fin puede respirar.

Después de aceptar sus excusas, su marido se lleva al niño a la cama. Lena va al baño y se seca. Tiene barro en el pelo.

A su hijo le gustan los libros. Todavía no sabe leer. Los mira bocabajo, frunce el ceño. Es un gesto que ha aprendido de ella. Cuando cumple cuatro años Lena le enseña a nadar. Siente que aprende más rápido de lo que ella puede instruirle. Lena apenas se reconoce en ese rostro amplio, moreno y algo bobalicón. Tiene los ojos del padre, marrones y rasgados. Los de Lena son negros y redondos. A veces le descubre mirándola fijamente, como si estuviera apunto de comprender algo. Y ese algo es que sus padres no son gran cosa. Que su madre —la mujer políglota y fría de cuyo cuerpo caliente se alimentó— es más bien mediocre.

Es 18 de junio de 2021 y nadan en el carril lento. Lena va delante. Afuera hace bochorno. La noche anterior, a la hora de la cena, le ha prometido que si se come el pescado nadará tan rápido como los peces vivos. Pero el niño se aburre. Agarra la cuerda de boyas y la agita, como un dios marino que impone su presencia en el movimiento de las olas. Entonces Lena le propone jugar a las aguadillas. *Tienes que guardar el aire en el estómago.* Los padres no deberían enseñar a sus hijos a dejar de respirar, piensa de pronto Lena. *Mira cómo aguanto mamá, lo hago mejor que tú.* Los dos intentan tocar el fondo, pero solo la madre llega; la madre que al subir sujeta los tobillos del hijo y jala hacia abajo. El hijo mueve frenéticamente los brazos y da patadas y se retuerce y grita sin que nadie le escuche. Y cuando Lena saca la cabeza para respirar, no consiente que su hijo haga lo mismo, sino que empuja con las dos manos la cabeza cubierta con el gorrito hacia el fondo de la piscina. Los brazos del niño ya no se agitan. Lena siente que, por fin, todo está apunto de cambiar. Pero relaja la tensión de los brazos y el cuerpo que alimentó flota hasta la superficie. Madre e hijo respiran.

Al llegar a casa, el padre les espera con la cena preparada. Les pregunta si lo han pasado bien en la piscina. El hijo no le cuenta nada y Lena tampoco. Se sientan a la mesa. Hay lasaña y natillas de postre.

Una pequeña maleta

Marta Renza

MARTA RENZA nació en Colombia. Es graduada en Filología clásica por la Universidad Nacional de Colombia y de la Maestría en Literatura de la Pontificia Universidad Javeriana de Bogotá.

Está incluida en las antologías *Palabra capital, Bogotá develada* (2007); *Modelo 50 - Panorama de poetas colombianos nacidos en la década de 1950* (2005); *Antología poética de la Alianza Colombo Francesa* (1995) y *Voces Nuevas* (Torremozas, 1986), así como en diversas revistas.

Tiene publicado el poemario *Lunas de silencio* (1997) y las novelas *Muchacha al desaparecer* (Random House Mondadori, 2009) y *Baño de mujeres* (Huerga & Fierro, 2024).

Berta enloqueció hoy por la tarde. Esta mañana encontraron muerta a doña Eduvigis, su madre. Mientras abrazo a mi amiga de toda la vida y le digo que se calme, que ya no grite más, que voy a enloquecer con ella, cierro los ojos y veo pasar frente a la ventana de nuestra sala a su mamá. Era más alta que la mía, y que las tías, maestras, muchachas del aseo y peluqueras conocidas. Ninguna era como ella. Una vez al mes la veíamos salir de su casa ataviada con una falda entubada, una moña enhiesta a punta de *kleerlac*, medias transparentes y zapatos de tacón puntudos. Mi mamá la envidiaba, blandamente —todo en mi mamá era blando—, porque era idéntica a Grace Kelly, caminaba igual, se vestía y calzaba parecido, la moña que la coronaba era como la del día de la boda de la princesa y el hilo de perlas que lucía era igualito al de una foto que había salido en *Vanidades* y ella guardaba en el cajón del tocador. Mi mamá envidiaba la figura sin tacha de doña Eduvigis y yo me moría por poseer la pequeña maleta que llevaba cuando la veíamos pasar, un viernes de cada mes, frente a nuestra ventana. Era de color crema, con esquinas de cuero rojo y una manija preciosa del mismo tono. Me imaginaba metiendo en ella a Tobías, mi camello de peluche, mi cuento de hadas favorito, el de la niña de cabello larguísimo atrapada por su madre en una torre, y el sombrero para el sol regalo de mi padre.

Mi deseo ardoroso por poseer aquella maletica me llevó a acercarme a Berta. No sé si ella se había dado cuenta de que atisbábamos desde nuestra ventana a su mamá, pero yo sí la veía a ella asomada a la de algún cuarto del segundo piso de su casa, perfectamente quieta, su mirada prendida sin pestañeo a la figura de doña Eduvigis mientras se alejaba por la calle hacia no sabíamos dónde. Berta tenía dos hermanos, altos como su madre, monstruos feroces y crueles. Perseguían a Berta por el jardín, sin tregua, la arrinconaban detrás del rosal de cecilias y la asaeteaban con proyectiles de papel. Ella era la menor y lloraba débilmente. Ahora que lo pienso, llora desde entonces.

Con la maleta en mente, un día en que por alguna razón sus hermanos la habían dejado en paz en el antejardín, me atreví a acercarme. Le dije hola y ella me dijo hola. Le dije que si quería jugar a las ollitas en mi casa. Me miró con sus ojos grandes y pardos, y me dijo que tenía que pedirle permiso a su mamá. Me ofrecí a acompañarla, ella se sorprendió un poco pero accedió, así que entramos a su casa, idéntica a la nuestra, a todas las del barrio. La sala comedor se veía limpia y sorprendentemente desprovista de adornos. En la de nosotros los había en abundancia, ángeles regordetes, niños descalzos asomados a un pozo y bailarinas en punta, pálidas y etéreas, poblaban el sinfín de mesitas y alacenas ubicadas en todos los rincones. En el segundo piso entramos al cuarto de doña Eduvigis. Allí estaba ella. No estaba peinada de moña, no llevaba la falda tubo ni los zapatos de tacón. Tenía puesta una bata de casa —así llamaba mi mamá al talego informe que se ponía para sacudir el polvo—, pero incluso así había algo en su silueta alargada que hacía pensar en el brillo y la elegancia de las fotos de las revistas. Y en el frío. Con voz muy baja, en un susurro tembloroso, Berta le pidió permiso para ir a mi casa. Yo me apresuré a decirle que era la del frente, la que tenía un enano con farol en el antejardín. Doña Eduvigis se quedó en silencio unos segundos, después le dijo a Berta que fuera, que se portara bien, y detuvo su mirada en mi rostro. Una mirada sin fondo.

Desde ese día Berta y yo fuimos inseparables. Yo entraba a su casa sin restricciones y ella a la mía. Así pude cumplir mi sueño de ver de cerca la maleta que doña Eduvigis llevaba cuando desaparecía un viernes de cada mes. Convencí a Berta para que me la dejara ver. Su mamá la guardaba en el compartimento superior del clóset de su cuarto. Tuvimos que correr la silla del tocador y pegarla al mueble. Yo no era alta como Berta y su mamá, era más bien bajita y casi tan blanda como la mía. Así que fue ella quien se trepó a la silla, abrió el compartimento y agarró la maletica por su asa forrada en cuero rojo. Para poder bajarse, me la tiró desde esa altura y yo la recibí en mis brazos. Era dura y me golpeó un poco las manos, pero no me quejé, no me importaba. Enseguida la puse sobre la cama, presioné los botones de las cerraduras y escuché un clic. Ya Berta estaba a mi lado.

Subí la tapa de la pequeña maleta con mucho cuidado, temblando de anticipación. Me la imaginaba vacía, pero llena de bolsillos donde guardar mi sombrero, el cuento de hadas y a Tobías. Cuando finalmente la maleta quedó abierta, Berta y yo nos quedamos paralizadas, extrañamente silenciosas. Al cabo de unos minutos de contemplar su contenido, comenzamos a sentir algo parecido al miedo. Primorosamente doblado, había una especie de vestido de baño negro, de charol lustroso, con tiras que lo atravesaban a la altura del pecho y, encima, unas medias veladas negras con huequitos y una correa delgada y larga. No sabíamos el significado de aquellas prendas, pero nos transportaron a un lugar lóbrego, sin antejardines ni rosales ni enanitos con farol en la mano, muy lejos de nuestras casas y, sin embargo, tan cercano como la pequeña maleta y la silla a la que Berta se subió otra vez sin que hubiéramos intercambiado una sola palabra. Entre tanto yo cerré la maleta tan sigilosamente como la había abierto, se la alcancé a Berta y ella la puso en su sitio.

Nunca hablamos Berta y yo de aquella incursión. Guardamos el secreto como si fuera un pecado, una transgresión. Éramos conscientes de que ese acto nos había dejado frente a un muladar. Eso nos unió todavía más. El sombrío ajuar que habíamos hallado se emparentaba, además, con la ausencia nunca explicada del padre de Berta. Cuando tuve las palabras necesarias le pregunté si doña Eduvigis y él se habían separado, o si era viuda, si hablaba de él alguna vez o si lo había echado de la casa. Berta siempre respondió que no sabía, que jamás se hablaba de su padre en la casa, que ella no lo conocía o no lo recordaba. Le insistí muchas veces para que le preguntara a su mamá, la atormentaba con mi siriri, le advertía que no era normal no saber nada del papá de uno. El mío volvía de trabajar a las seis todos los días, no desaparecía. Cuando les hice estas mismas preguntas a mis padres, dijeron no saber nada y me ordenaron que dejara de ser chismosa.

Claro, aquellas ropas inexplicables también estaban relacionadas con las salidas que doña Eduvigis hacía un viernes de cada mes, en la tarde, con su falda y su moña y su pequeña maleta, para regresar el lunes siguiente muy temprano en la mañana. Su mamá se iba y Berta se quedaba sentada en la escalera viéndola salir, llorando como solo ella sabe llorar, a mares, sin ningún pudor. Cuando doña Eduvigis alcanzaba el andén, ya Berta estaba instalada en la ventana de su cuarto, petrificada, con la frente pegada al vidrio y la mirada fija en la figura que se alejaba. Esos viernes fueron su infierno. Durante toda su infancia y hasta que cumplimos los doce años, una vez al mes Berta presenció cómo su madre se desvanecía camino al muladar mientras sus hermanos la perseguían escaleras arriba, gritándole «lloretas, lloretas». En esos fines de semana, ella y los dos monstruos quedaban al cuidado de Barbarita, una negra gigantesca, con una voz de mar bravo, que una amiga de doña Eduvigis le había traído del Chocó para que la ayudara en las faenas del hogar. En ese entonces las muchachas del aseo eran muebles que se traían y llevaban de una casa a otra. Barbarita fue el milagro que permitió que Berta sobreviviera a las ausencias de su madre hasta el día en que regresó a la casa antes del lunes.

Para nuestro cumpleaños número doce, mi mamá insistió en hacer una fiesta con torta y velitas, bombas y serpentinas, gaseosas de varios colores y un mago triste con poca imaginación. Estaba emocionada mi mamá blandita, doña Eduvigis había aceptado ayudarla a preparar la celebración. Pudo compartir con ella varias veces durante una semana entera, vio de cerca su collar de perlas y la mayestática moña, imperturbable y tiesa, e intentó las preguntas torpes que disimulaban su ansia de saberlo todo sobre nuestra Grace Kelly barrial.

Hubo fiesta. Creo que ese día Berta fue feliz. Yo lo fui, bueno, yo lo era casi con cualquier cosa. Ella, en cambio, creció dentro de una escafandra, asfixiada por el terror de que algún viernes su madre se fuera para no volver. En la fiesta de nuestros doce años, no obstante, estuvo radiante. Su mamá trajo a Barbarita y el mantel de las ocasiones especiales, ayudó a colgar las bombas, plegó las servilletas alrededor de los vasos plásticos para que semejaran delfines, dispuso los chitos y las colombinas en forma de rosa sobre las bandejas de melanina, celebró condescendientemente los desangelados números del mago. Cuando a las siete de la noche se fueron los últimos niños, se quedó un rato ayudando a mi mamá a recoger el estropicio. Al terminar, tomó a Berta y a los dos monstruos de la mano, le pidió a Barbarita que recogiera el mantel que había prestado y se alejó hacia su casa. La fiesta fue un domingo. El viernes siguiente la vimos pasar de nuevo frente a nuestra casa, con su habitual atuendo y la maleta, a la misma hora de siempre. Yo fui a buscar a Berta y me la traje para la casa, ya era nuestra costumbre. Eso aliviaba un poco su pena.

Aquel fin de semana fue corto. Trajeron a doña Eduvigis hacia las once de la mañana del sábado. Un taxi se estacionó frente a la casa y una mujer que nunca habíamos visto salió de él y ayudó a bajar a la mamá de Berta. Incluso mi papá se asomó a la ventana, cosa que nunca hacía. Vimos de espaldas a doña Eduvigis. Iba sin maleta, con la falda arrugada y sucia, las medias largas rotas, la moña desbaratada. Un mechón de su pelo castaño le ocultaba la mejilla. Barbarita abrió la puerta, recibió como una bahía de buen auspicio a su señora y enseguida cerró. La mujer que había bajado del taxi con doña Eduvigis lo abordó de nuevo y partió.

No vimos a doña Eduvigis en varias semanas. Yo intenté hablar con Berta, pero ella no quiso salir a jugar, me decía que su mamá se había puesto mala y ella tenía que ayudar Barbarita. Por primera vez desde que la conocí su voz sonaba aliviada, sin la orla negra que la bordeaba usualmente. Mis padres me pidieron que no la molestara más. Me aseguraron que Berta volvería a jugar conmigo el día menos pensado. Así fue. Pasaron casi tres meses, pero al fin volvimos a estar juntas como antes.

A partir de ese momento comenzó la metamorfosis de Berta, y no solo física —de la niña desgarbada y flaca emergió una garza de cuello largo, tan elegante como su madre—, también ocurrió algo en su interior que la convirtió en un ser jovial y risueño. La pequeña maleta y el muladar desaparecieron. Nunca volvimos a ver a doña Eduvigis abandonando su casa un viernes de cada cuatro, no se puso otra vez sus tacones ni su falda, se cortó la moña y empezó a llevar otro peinado. Pasaron años antes de que Berta me relatara, parcamente, escogiendo las palabras, pero deseosa de decirlas, lo que había pasado aquel fin de semana.

Cuando regresó en el taxi, doña Eduvigis se refugió en los brazos de Barbarita. Sollozó un rato, quieta en ese abrazo, mientras Berta y los dos monstruos la miraban aterrados. Pidió que la llevaran al baño y se encerró en él durante una eternidad. Eso me contó Berta la noche antes de que yo viajara a iniciar mi carrera de biología marina en la costa. No nos veíamos en los siguientes seis meses. Parece que eso la decidió a contarme el retorno de su madre a la casa aquel sábado de años atrás. Rememoró cómo doña Eduvigis había salido del baño seguida de una nube de vapor, con la cara hinchada y bastante morada. Se metió en su cuarto y Berta pudo ver que renqueaba. Permitió que sus hijos entraran, pero mantuvo las persianas abajo para que la penumbra ocultara su rostro desfigurado. Un mes después había recuperado su semblante usual, se reincorporó plenamente a la vida familiar, y Berta entró en el tiempo venturoso que se prolongó a lo largo de nuestra adolescencia.

Nuestra amistad continuó, pero estaba claro que Berta no era como yo. Me gustaba bailar con los amigos en las rumbas del colegio, ir a cine, pasear. Mi amiga asistía con interés a mis preparativos para salir y escuchaba atentamente los detalles sobre la calistenia agotadora de besos y toqueteo a la que me entregué con novios ocasionales en aquellos años. Pero nunca quiso ir conmigo. Le rogaba en todos los tonos que se uniera a mis planes, le decía que mis amigos me preguntaban incansablemente por ella, lo cual era cierto. La veían de lejos cuando iban por mí. Ella se asomaba a despedirme y ellos no podían dejar de codiciar su cuerpo esbelto, sus bellos ojos de gato. Ni una sola vez se avino a acompañarme. Cansada de insistir, no la invité más. La verdad es que Berta no parecía extrañar nada de mi vida social. Se dedicó con ardor a su madre. Los monstruos dejaron de torturarla y se contentaban con llamarla bicho raro, pues no hacía otra cosa que seguir a doña Eduvigis por la casa, ayudándola a planchar y a doblar la ropa, aprendiendo a preparar el pescado a la manera de

Barbarita, haciendo oficio a su lado. A la madre de Berta le pareció natural que su hija se desvaneciera en ella.

Alguna vez le pregunté a mi amiga de qué vivían, con qué plata hacían el mercado, compraban ropa, pagaban los servicios. Lo único que sabía era que su madre recibía un cheque mensual con una suma que debió crecer con los años porque nunca, hasta donde sé, les faltó nada. En la única tarde de confidencias que tuve con Barbarita —había ido a buscar a Berta, pero ella estaba de compras con su madre— me atreví a preguntarle sobre el padre de mi amiga, sobre las misteriosas salidas de doña Eduvigis y el incidente de su regreso en taxi. Con su voz oceánica, Barbarita respondió crípticamente, «pues, niña, eso la ayudó, él tuvo que seguir pagándole para que ella no lo denunciara». Yo iba a acribillarla a preguntas, pero entonces aparecieron Berta y su mamá. Después, ya no tuve oportunidad de hablar con Barbarita de eso y me quedé con las ganas de saber.

Hasta esta mañana, cuando recibí la llamada de uno de los monstruos. Me informó escuetamente que su madre había muerto, que él y su hermano no alcanzaban a llegar sino hasta el día siguiente —ahora viven en otro país—, que Berta estaba frenética y gritaba sin parar y se arrancaba el pelo y seguía abrazada al cadáver sin permitir que nadie se le acercara. Todo esto se los había comunicado Barbarita hipando por el teléfono. Pedí permiso en la universidad y vine corriendo. Ya mi mamá estaba en la cocina tratando de calmar a Barbarita y me hizo señas de que subiera a ver a Berta.

Pasé una hora abrazada a ella, rogándole que ya no llorara, que soltara a doña Eduvigis, que me dejara llevarla lejos del muladar, que ahora ha vuelto. Con las palabras de Berta, empapadas en lágrimas y mocos, he visto al hombre que tal vez fue su padre arremetiendo contra la princesa Grace, domándola, arrancándole la falda, dándole de latigazos. Una vez al mes, de viernes a lunes, sin falta.

La pularda

Ana Rodríguez León

ANA RODRÍGUEZ LEÓN nació en Barcelona en 1981. Es guionista formada en la ESCAC. Ha sido columnista de la revista *Bon Viveur* y durante diez años fue crítica cinematográfica del Festival de Cine Fantástico de Sitges para *Diario Siglo XXI*. Ha escrito y dirigido varios cortometrajes, documentales, ensayos audiovisuales y obras de vídeo que se han mostrado en festivales nacionales e internacionales. Trabaja en el desarrollo de la serie de animación *Canela chef*.

Ha resultado finalista de los concursos de relatos Homocrisis y La Gran Ilusión y está incluida en varias antologías.

Tiene publicado el libro de prosa poética *Glitch* (Zoográfico, 2022) y en 2024 se publicará su libro de relatos *Las mujeres híbridas*.

Le supliqué a mamá que cogiéramos la excursión de la jungla. Fantaseaba con ver la caída de la tarde entre lianas y palmeras, distraer su atención con alguna excusa y separarnos del grupo hasta perdernos en la selva. Más tarde, escondidas entre matorrales, divisar los ojos rojos y brillantes de un tigre en la madrugada y ver a mamá presa del pánico, sentirla temblar como la hojarasca, abrazarla fuerte, susurrarle al oído palabras de sosiego, que tuviera que darme las gracias toda su vida después de aquella noche.

En lugar de eso, me monté en la típica barca de madera tailandesa que iba a hacer el típico recorrido por las islas más típicas donde acudían los turistas más blancos, blandos y europeos. Encima mamá contrató un tour privado, burgués total. Al menos nuestro barquero no hablaba inglés, llevaba un machete para cortar la piña fresca que nos ofreció al darnos la bienvenida y tenía pinta de antiguo pirata.

Mientras el hombre encendía el motor para poner rumbo a las Phi Phi, mamá saldaba cuentas con la cobradora de las barcas que, protegida del sol con un denso maquillaje blanco, le ofrecía ampliaciones del tour de última hora, cenas románticas para la vuelta —no sé qué debió pensar— o una visita guiada por una exposición donde exhibían un supuesto hueso gigante de más de cuatro metros llegado con el oleaje. «*Fake news*», me susurró mamá, tan proclive al entusiasmo como siempre, «aquí un turista es un dólar con patas».

Nos bañamos en una playa de arena blanca y por la tarde fuimos a hacer *snorkel* a una cala concurrida. Cogí conchas, pequeñas piezas de coral muerto y fósiles que mamá me hizo devolver al fondo marino, ya que eso no era turismo responsable ni hacía de nosotras *green people of true heart*. Pero me guardé un fósil que me gustó en el bikini y engañar a mamá me arañó la primera sonrisa del día.

Cuando subí a bordo, el barquero estaba dormido. Mamá no se atrevía a despertarlo y yo tampoco osé sacudir el cuerpo panzudo del surcador de mares y poseedor de machetes corta-piñas. Las dos mirando al hombre dormido incapaces de decir nada. Cómo odiaba ser de clase media. Al final el hombre se sobresaltó con uno de sus ronquidos y sacudió la cabeza. Le pregunté a mamá con qué creía que había estado soñando. Mamá lo miró, y puso una de sus sonrisas enigmáticas. «Se habrá ido un rato a otro mundo. Este es un poco cansino».

El ex-pirata tailandés le dio gas al motor, pero no pudo arrancarlo. El hombre lo intentó unas cuantas veces, pero nada. Nos habíamos quedado las últimas, devolviendo conchas al mar y viendo a nuestro barquero roncar. No había barcas alrededor. Mamá cogió el móvil, yo cogí el móvil, ninguna de las dos teníamos cobertura. «*What do we do now?*», le preguntamos en inglés. Algo entendía porque juntó las manos, las puso junto a la mejilla y dijo «*sleep*». «*Here, sleep*». «No, no, no», dijo mamá. «*Sleep here*, no». «Remar, remar», e hizo el gesto. «*I pay*». Y sacó el fajo. La barca era enorme y altísima, era imposible que el hombre nos sacara de allí remando, pero mamá pagó al barquero y el barquero dijo «*ok, but you help*». Él remaba en un lado y mamá y yo nos turnábamos para agitar el remo en el otro. Remar resultó agotador, nos cansamos enseguida y mientras íbamos perdiendo fuerzas y ganando sed y hambre, cayó la noche y una niebla espesa se metió en la barca como algodón frío. Dejamos de ver las luces lejanas del puerto y miré hacia el cielo para ver al menos la luz de las estrellas. Me acordé de que las estrellas traen luz desde el pasado y, cuando pensé eso, noté una oleada de calor que subía desde la barriga como una náusea y vomité por la borda. Miré a mamá y me abrazó fuerte. Creo que me notó temblar. Me preguntó si quería que cantáramos una canción que solíamos cantar cuando yo era pequeña. Miré al barquero, nos estaba observando fijamente. Le dije a mamá que no tenía ganas de cantar y me escabullí de su abrazo. Pronto, ella y el barquero, se durmieron. Después de un rato, yo me dormí. Noté la niebla entrando en mi boca.

Los lametones de un perro en la mano me despertaron. Había amanecido y vi la barca varada en la arena y la espuma del oleaje envolviendo su madera. Oí murmullos y me levanté aliviada de haber vuelto al puerto.

Habíamos llegado a una playa, pero no era el puerto de salida. En la arena se levantaba una estructura colosal que recordaba al esqueleto de un barco destartalado, del que solo quedaban las vigas centrales en forma de media luna. Marineros de piel oscura, pelo negro, barba frondosa, todos vestidos con pantalones azules remangados por encima de la rodilla y el pecho al aire, trepaban por la estructura con entusiasmo de escaladores y luego se dejaban caer por las vigas como si fueran toboganes. Si entrecerraba los ojos, parecían moscardones revoloteando alrededor del chasis. Pero cuando los abrí bien, vi que aquellos marineros, idénticos a nuestro barquero, solo que con pinta de náufragos incombustibles, se acercaban a las piezas del barco y mordían una carne pegada a ellas. Volví a mirar el armazón gigante. No era un barco pulido por el paso del tiempo, era la osamenta de un animal inmenso.

«Pularda», dijo mamá. «Es una pularda gigante». No sé por qué dijo eso. Por Navidad comíamos pularda rellena de orejones y salchichas, cabía en el horno. Pero mamá parecía muy segura de que ese esqueleto era el de una pularda mastodóntica. La verdad es que la carne olía igual que nuestros asados navideños, la boca se me hizo agua cuando me di cuenta. Miré a mamá: tragaba saliva despacio, dosificando su sed y su hambre. Se mantenía elegante. Miré la selva que se extendía detrás del esqueleto de la pularda: en el límite entre la arena y la tierra, a los pies de las palmeras, un entramado de serpientes se movía dibujando una sinuosa barrera viva. Luego miré a nuestro barquero: encaramado a una costilla, cortaba lascas de carne fragante con su machete. Estábamos atrapadas en aquella playa. Varadas como animales venidos de muy lejos, esperando a devorar o ser devoradas por el hambre y la sal. Inmóviles igual que cuando miramos a nuestro barquero roncar: incapaces de salir de aquella barca, abandonar el último bastión de algo que ni siquiera sabíamos qué era.

Como si lo hubiéramos invocado desde nuestro influjo de estatuas ensimismadas, el antiguo pirata bajó de su costilla y vino hasta nosotras. Nos ofreció la mano para que bajáramos de la barca. Nosotras no nos movimos, pero él no aflojó su ofrecimiento. Después de un rato, mamá se puso de pie, aceptó su mano y pisó la arena. Empezaron a andar. «¡Eh!», le grité a mamá, que no se giró. «¡Mamá, mamá!». Y por fin mamá se volvió. Tenía un brillo extraño en la mirada. «¿A dónde vas?». Y mamá me miró como si mirara a través de mí. Parecía una extraña que se alejaba como si no me conociera de nada. Otra mujer, mórbida y zarrapastrosa. Hambrienta. Se dirigió hacia la osamenta, se quitó la camisa, hizo rebotar sus tetas al aire, trepó con ayuda de los marineros por el hueso más grande y clavó sus dientes en la pularda.

Noté un dolor en el pecho. Me llevé la mano al corazón y me pinché. Allí es donde había guardado el fósil que encontré buceando, bajo el bikini. Me lo saqué del bañador y lo dejé en la palma de mi mano. No era un fósil marino, era un pequeño hueso, no me había dado cuenta antes. Eché otro vistazo a la pularda. Junto a la estructura elevada de huesos, en el suelo, sin marineros de hambre inmemorial resbalando por sus restos, había un cráneo y una columna vertebral. Volví a mirar mi pequeño hueso y no sé por qué sentí el impulso de salir de la barca, arrastrarme por la arena, acercarme al cuello de la pularda y buscar el encaje de mi pieza en la estructura. La fragancia de su carne asada era pesada y sabrosa. Tuve que atravesar el aire denso, con la tarde ya caída, para llegar junto a las vértebras de la pularda. Acerqué mi hueso a sus huesos. La diferencia de tamaño era abismal, pero en la última articulación del cuello del ave descubrí un pequeño hueco. Me acerqué, puse mi hueso en varias direcciones y en una de ellas, encajó. Y el cuello, coronado por el cráneo, se unió con sus costillas, encajaron con un crujido y el animal se irguió por completo, sus patas salieron de la arena, los marineros resbalaron como chinches, hasta mamá salió disparada por los aires y cayó justo encima del cuello de la pularda, como una jinete improvisada. La vi agarrarse a las aristas de las vértebras, mirar hacia abajo con la mirada iluminada por un éxtasis que me hizo temblar. Esperó a que la tripulación tomara de nuevo posiciones en la osamenta y levantó su mano, señalando con el dedo índice la selva. Su cuerpo se silueteaba contra el cielo, poblado de estrellas brillantes aquella noche, que traían una luz intensa de otro tiempo, tan lejano, pensé, que podría decirse que era otro mundo.

La pularda se adentró al trote en la selva con pasos descompensados y el estilo poco grácil de las aves. Yo me había quedado en la arena, las piernas dentro de la arena, el levantamiento de la pularda las había enterrado. Cuando ya corría entre palmeras y lianas, la pularda se detuvo. Mamá, o quien quiera que fuera aquella mujer que la cabalgaba, se giró hacia mí. Sus ojos brillaban en la oscuridad. Brillaban como dos faros rojos. Di un grito y creí que se me abriría el pecho. La pularda volvió a trotar. El olor de la carne se fue desvaneciendo a medida que el cadáver colosal desaparecía en la jungla.

Índice

Este libro se terminó de imprimir
el día 17 de mayo de 2024,
aniversario del nacimiento
de la escritora
Carmen de Icaza.